Zoper te stvari ni postave

Sad Duha

Zoper te stvari ni postave

Dr. Jaerock Lee

Zoper te stvari ni postave od Dr. Jaerock Lee
Izdala založba Urim Books (Zastopnik: Johnny. H. Kim)
361-66, Shindaebang-Dong, Dongjak-Gu, Seul, Koreja
www.urimbooks.com

Avtorske pravice pridržane. Te knjige oz. njenih delov ni dovoljeno kopirati, reproducirati, shranjevati v podatkovnih sistemih, ali prenašati v kakršni koli obliki ali sredstvu brez predhodnega pisnega dovoljenja založnika.

Če ni navedeno drugače, so vsi svetopisemski navedki vzeti iz Svetega pisma, AMERIŠKI STANDARDNI PREVOD, ®, avtorske pravice © 1960, 1962, 1963, 1968, 1971, 1972, 1973, 1975, 1977, 1995 pripadajo fundaciji Lockman. Uporabljeno z dovoljenjem.

Avtorske pravice © 2013, dr. Jaerock Lee
ISBN: 979-11-263-1141-5 03230
Avtorske pravice prevoda © 2013, dr. Esther K. Chung. Uporabljeno z dovoljenjem.

Prva izdaja: Oktober 2013

Predhodno izdano v korejskem jeziku leta 2009 s strani založbe Urim Books v Seulu, Koreja

Uredila dr. Geumsun Vin
Oblikovala uredniška pisarna Urim Books
Natisnilo podjetje Yewon Printing
Za več informacij se obrnite na urimbook@hotmail.com

"Sad Duha pa je: ljubezen, veselje, mir, potrpežljivost, blagost, dobrotljivost, zvestoba, krotkost, samoobvladanje. Zoper te stvari ni postave."
(Galačanom 5:22-23)

Predgovor

Kristjani pridobijo resnično svobodo,
ko obrodijo sadove Svetega Duha,
zoper katerih ni postave.

Vsi ljudje moramo upoštevati pravila in predpise v določenih okoliščinah. Kadar so tovrstni zakoni kakor nadležni okovi, nas kaj hitro preplavita obremenjenost in bolečina. In če zaradi tega bremena postanemo razuzdani in nemirni, potem to ni svoboda. Začnemo se predajati različnim poželenjem in kmalu nam ostane le še občutek ničevosti, kar nas vodi v večno smrt.

Resnična svoboda je stanje, ko smo osvobojeni večne smrti in vseh solza, žalosti in bolečine. Takrat znamo tudi nadzirati in krotiti našo prvinsko naravo, ki v nas vzbuja ta nezaželena poželenja. Ljubeči Bog si ne želi našega trpljenja, zato je v Svetem pismu opisal načine, kako pridobiti večno življenje in resnično svobodo.

Zločinci in tisti, ki kršijo državne zakone, postanejo nemirni ob pogledu na policiste. Po drugi strani pa zgledni državljani ne čutijo tovrstnega nemira, ampak se počutijo varni v družbi policistov in jih lahko vselej prosijo za pomoč.

In enako tisti, ki živijo v resnici, ne čutijo strahu pred ničemer in uživajo resnično svobodo, saj dobro razumejo, da je Božja postava prehod do blagoslovov. Posledično lahko uživajo svobodo kakor kiti, ki plavajo v oceanu, ali orli, ki preletavajo nebo.

Božjo postavo lahko v glavnem delimo na štiri kategorije. Postava nam narekuje delati, se vzdržati, izpolnjevati in izkoreniniti določene stvari. Skozi čas je svet čedalje bolj omadeževan z grehi in hudobijo, zato vse več ljudi obravnava Božjo postavo kot breme in je ne izpolnjujejo. Ljudstvo Izraela je v času Stare zaveze močno trpelo, ker niso izpolnjevali Mojzesove postave.

S tem namenom je Bog poslal Jezusa na to zemljo in vse ljudi osvobodil prekletstva postave. Brezgrešni Jezus je umrl na križu in vsak, ki veruje Vanj, je lahko rešen po veri. Ko ljudje sprejmejo Jezusa Kristusa in prejmejo dar Svetega Duha, postanejo Božji otroci in lahko ob vodstvu Svetega Duha obrodijo sadove Svetega Duha.

Ko Sveti Duh stopi v naše srce, nam pomaga dojeti globlje resnice

Boga in živeti po Božji besedi. Na primer, kadar nekomu nikakor ne moremo odpustiti, nas Sveti Duh opomni na odpuščanje in ljubezen Gospoda in nam pomaga odpustiti tej osebi. Tako lahko hitro odpravimo hudobijo iz našega srca ter jo nadomestimo z dobroto in ljubeznijo. Ko tako ob vodstvu Svetega Duha obrodimo sadove Svetega Duha, bomo uživali svobodo v resnici in hkrati prejemali obilo ljubezni in blagoslovov od Boga.

Skozi sad Duha lahko pri sebi preverimo mero naše posvečenosti, kako močno se lahko približamo Božjemu prestolu ter v kolikšni meri smo vzgojili srce Gospoda, ki je naš ženin. Bolje ko obrodimo sadove Duha, svetlejše in mogočnejše bo naše nebeško bivališče. Da bi dosegli Novi Jeruzalem v nebesih, moramo obroditi vse sadove v popolnosti.

To delo Zoper te stvari ni postave vam bo na podlagi jasnih primerov pomagalo dojeti duhovni pomen devetih sadov Svetega Duha. Sadovi Svetega Duha so skupaj z duhovno ljubeznijo iz 13. poglavja Prvega pisma Korinčanom in blagri iz 5. poglavja Matejevega evangelija kažipot, ki nas vodi do prave vere. Ti sadovi nas bodo usmerjali, dokler ne dosežemo končne postojanke naše vere - Novi Jeruzalem.

Zahvaljujem se Geumsun Vin, direktorici uredniške pisarne in njenemu osebju, in molim v imenu Gospoda, da bi bralci te knjige uspešno obrodili devet sadov Svetega Duha, da boste lahko uživali resnično svobodo in postali prebivalci Novega Jeruzalema.

Jaerock Lee

Uvod

Kažipot na našem potovanju vere proti Novemu Jeruzalemu v nebesih

V sodobnem svetu smo vsi prezaposleni. Ljudje trdno garajo, da bi pridobili materialne dobrine. Nekateri sicer kljubujejo svetovnim trendom in ohranjajo svoje lastne življenjske cilje, a tudi ti ljudje se pogosto sprašujejo, ali dejansko živijo primerno življenje. S temi mislimi se zaskrbljeno ozirajo nazaj na svoja življenja. In tudi v našem potovanju vere lahko doživimo hitro rast in uberemo bližnjico do nebeškega kraljestva, če se le preverjamo skozi Božjo besedo.

1. poglavje 'Kako obroditi sad Duha' govori o Svetem Duhu, ki oživlja mrtvega duha, potem ko je ta umrl zaradi Adamovega greha. To poglavje opisuje, kako lahko bogato obrodimo sadove Svetega Duha, če le sledimo poželenjem Svetega Duha.

2. poglavje 'Ljubezen' opisuje pomen prvega sadu Duha, in ta prvi sad je ljubezen. Prav tako opisuje pokvarjene oblike ljubezni iz časa po Adamovem padcu, ter predstavi načine, kako vzgojiti

ljubezen, kakršna je Bogu všeč.

3. poglavje 'Veselje' pravi, da je veselje glavno merilo, s katerim lahko preverimo, ali je naša vera prava, in opisuje razloge, zakaj smo izgubili veselje prve ljubezni. Spoznali bomo tri načine, kako obroditi sad veselja, s katerim se lahko razveseljujemo in smo srečni v vseh okoliščinah in situacijah.

4. poglavje 'Mir' navaja, kako pomembno je porušiti zidove greha, da bi uživali mir z Bogom, ter da moramo ohranjati mir s samim seboj, kot tudi z vsemi ljudmi. Pomaga nam tudi dojeti pomembnost izgovarjanja prijaznih besed in upoštevanja stališč drugih ljudi pri doseganju miru.

5. poglavje 'Potrpežljivost' pojasnjuje, kako resnična potrpežljivost ne zahteva le, da zadušimo zamere, ampak moramo biti potrpežljivi z dobrim srcem, brez vsake hudobije, za kar

bomo bogato blagoslovljeni, ko enkrat dosežemo resničen mir. To poglavje podrobno opiše tudi tri oblike potrpežljivosti: potrpežljivost za spreobrnitev srca; potrpežljivost z ljudmi; potrpežljivost do Boga.

6. poglavje 'Blagost' nas uči, kakšna oseba je blaga oseba, pri čemer izpostavlja primer Gospoda. Opisuje tudi značilnosti blagosti in razlike v primerjavi z ljubeznijo. Nazadnje nam pokaže tudi pot, kako prejeti Božjo ljubezen in blagoslove.

7. poglavje 'Dobrotljivost' opisuje srce dobrote na primeru Gospoda, ki se ni prepiral ali vpil, zlomil nalomljenega trsta in ni ugasnil tlečega stenja. Spoznali bomo razlike med dobroto in drugimi sadovi, da bomo znali obroditi sad dobrote in bomo oddajali blag Kristusov vonj.

8. poglavje 'Zvestoba' nas uči, kakšne blagoslove prejmemo,

kadar smo zvesti v vsej Božji hiši. Na primeru Mojzesa in Jožefa nam pomaga razumeti, kakšna oseba obrodi sad zvestobe.

9. poglavje 'Krotkost' pojasnjuje pomen krotkosti v očeh Boga in značaj tistih, ki obrodijo ta sad krotkosti. S pomočjo ilustracije štirih različnih polj nam pomaga dojeti, kaj moramo storiti, da bi obrodili sad krotkosti. In nazadnje nam predstavi še blagoslove za krotke ljudi.

10. poglavje 'samoobvladanje' opisuje pomembnost samoobvladanja in zakaj je samoobvladanje navedeno kot zadnji od devetih sadov Svetega Duha. Sad samoobvladanja je nepogrešljiva stvar, ki izvaja nadzor nad vsemi ostalimi osmimi sadovi Svetega Duha.

11. poglavje 'Zoper te stvari ni postave' je sklepno poglavje knjige, ki nam pomaga razumeti pomembnost sledenja Svetemu

Duhu, in izraža želje, da bi vsi bralci hitro postali ljudje popolnega duha ob pomoči Svetega Duha.

Težko trdimo, da imamo veliko vere zgolj zato, ker smo že dlje časa verniki, ali ker imamo bogato poznavanje Svetega pisma. Prava mera naše vere je razvidna iz tega, v kolikšni meri smo spreobrnili naša srca v srce resnice in v kolikšni meri smo vzgojili srce Gospoda.

Iskreno upam, da bi vsi bralci uspeli preveriti vašo vero in obilno obrodili vseh devet sadov Svetega Diha pod vodstvom Svetega Duha.

Geumsun Vin,
Direktorica uredniške pisarne

VSEBINA
Zoper te stvari ni postave

Predgovor · vii

Uvod · xi

1. poglavje
Kako obroditi sad Duha — 1

2. poglavje
Ljubezen — 13

3. poglavje
Veselje — 29

4. poglavje
Mir — 49

5. poglavje
Potrpežljivost — 69

6. poglavje
Blagost   87

7. poglavje
Dobrotljivost   103

8. poglavje
Zvestoba   119

9. poglavje
Krotkost   137

10. poglavje
Samoobvladanje   159

11. poglavje
Zoper te stvari ni postave   175

VSEBINA

Galačanom 5:16-21

"Pravim torej: žívite v Duhu in nikakor ne boste stregli poželenju mesa. Kajti meso si želi, kar je zoper Duha, Duh pa, kar je zoper meso. Ta dva si namreč nasprotujeta, da ne bi delali tega, kar hočete. Toda če se daste voditi Duhu, niste pod postavo. Sicer pa so dela mesa očitna. To so: nečistovanje, nečistost, razuzdanost, malikovanje, čaranje, sovraštva, prepirljivost, ljubosumnost, jeze, častihlepnosti, razprtije, strankarstva, nevoščljivosti, pijančevanja, žretja in kar je še takega. Glede tega vas vnaprej opozarjam, kakor Sem vas že opozoril: tisti, ki počenjajo takšne stvari, ne bodo podedovali Božjega kraljestva."

1. poglavje

Kako obroditi sad Duha

Sveti Duh oživlja mrtvega duha
Kako obroditi sad Duha
Poželenja Svetega Duha in poželenja mesa
Nikar ne izgubimo srča za delanje dobrega

Kako obroditi sad Duha

Če vozniki vozimo po prazni avtocesti, se bomo počutili precej osvežujoče. Toda če se prvikrat v življenju vozimo na določenem območju, bomo kljub temu previdni in osredotočeni na vožnjo. In če imamo GPS navigacijski sistem v svojem avtomobilu? Tedaj so nam na voljo vse podrobnosti o cestah in smo pravilno usmerjani, zato se ne bomo izgubili na poti do našega cilja.

Naše potovanje vere na naši poti do nebeškega kraljestva je na las podobno. Kdor veruje v Boga in živi po Njegovi besedi, tega varuje Sveti Duh in ga preudarno vodi skozi življenje mimo številnih preprek in težav. Sveti Duh nas vodi po najkrajši in najlažji poti do našega cilja - nebeškega kraljestva.

Sveti Duh oživlja mrtvega duha

Prvi človek Adam je bil živ duh, ko ga je Bog izoblikoval in dahnil življenjski dih v njegove nosnice. 'Življenjski dih' je 'energija, zajeta v prvotni svetlobi' in je bil prenesen na Adamove potomce, ko so ti živeli v edenskem vrtu.

Vendar ko sta Adam in Eva zagrešila greh neposlušnosti in bila izgnana na to zemljo, takrat se je vse spremenilo. Bog je Adamu in Evi odvzel večji del življenjskega diha ter pustil zgolj sled tega diha. Ta sled je 'seme življenja', ki ga ni bilo moč prenesti od Adama in Eve na njune otroke.

Tako danes Bog v šestem mesecu nosečnosti zasadi seme življenja v duha dojenčka, in sicer v jedro celice znotraj srca, ki predstavlja osrednji del človeka. V primeru tistih, ki niso sprejeli Jezusa Kristusa, seme življenja ostaja neaktivno, podobno kot seme znotraj trde lupine. Kadar je seme življenja neaktivno, takrat pravimo, da je duh mrtev. In dokler duh ostaja mrtev, človek ne more pridobiti večnega življenja in ne more oditi v nebeško kraljestvo.

Po Adamovem padcu so bili vsi ljudje obsojeni na smrt. Da bi ponovno pridobili večno življenje, morajo doseči odpuščanje svojih grehov, kar je prvotni vzrok smrti, in njihovi mrtvi duhovi morajo biti obujeni. Iz tega razloga je ljubeči Bog poslal Svojega edinega Sina Jezusa na to zemljo kot spravno daritev in nam odprl pot odrešenja. Jezus je namreč nase prevzel grehe vsega človeštva in umrl na križu, da bi obudil našega mrtvega duha. Postal je pot, resnica in življenje, in po Njem lahko vsi ljudje pridobimo večno življenje.

Potemtakem, ko sprejmemo Jezusa Kristusa kot našega osebnega Odrešenika, so naši grehi odpuščeni. Tako postanemo Božji otroci in prejmemo dar Svetega Duha. Z močjo Svetega Duha se prebudi in postane aktivno naše seme življenja, ki je mirovalo znotraj trdne lupine. Tako je obujen naš mrtvi duh. Kot pravi Janez 3:6: "... in kar je rojeno iz Duha, je duh." Seme, ki je vzklilo, lahko raste le, kadar je oskrbovano z vodo in soncem. In podobno tudi seme življenja potrebuje duhovno vodo in svetlobo, da bi lahko zraslo, potem ko je vzklilo. In sicer, da bi naš duh zrasel, moramo spoznati Božjo besedo, ki je duhovna voda, in moramo se ravnati po Božji besedi, ki je duhovna svetloba.

Sveti Duh, ki je vstopil v naša srca, nam omogoča spoznanja o grehu, pravičnosti in presoji. Pomaga nam izkoreniniti grehe in nepostavnost ter živeti v pravičnosti. Napaja nas z močjo, da lahko razmišljamo, govorimo in se ravnamo v resnici. Prav tako nam pomaga voditi verno življenje, polno vere in upanja po nebeškem kraljestvu, medtem pa lahko naš duh lepo raste. Naj vam ponazorim na primeru za boljše razumevanje.

Predpostavimo, da je nek otrok odraščal v srečni družini. Nekega dne se je povzpel na goro in med občudovanjem narave zavpil "Juhu!" A takrat se je nekdo odzval na povsem enak način z vpitjem "Juhu!" "Kdo si?" je deček začudeno vprašal, nakar je neznanec ponovil tudi to dečkovo vprašanje. Deček se je razjezil na posnemovalca in dejal: "Ali iščeš prepir z menoj?" Neznanec je ponovno ponovil njegove besede. Tedaj se je deček ustrašil, saj se je počutil, da ga nekdo opazuje.

Nemudoma se je odpravil domov in dogodek opisal materi. "Mati, v gorah se potika velik nepridiprav," je dejal. A mati je z nežnim nasmehom odgovorila: "Prepričana sem, da je ta deček v gorah prijeten fant in lahko postane tvoj prijatelj. Predlagam, da se jutri ponovno odpraviš na goro in se mu opravičiš." Naslednje jutro se je deček ponovno povzpel do vrha gore in zavpil z močnim glasom: "Žal mi je za včeraj! Ali sva lahko prijatelja?" Odgovor je bil ponovno enak.

Tako je mati svojemu sinu omogočila, da je sam dojel, da je šlo za njegov odmev. In podobno nam tudi Sveti Duh pomaga na našem potovanju vere kakor skrbna mati.

Kako obroditi sad Duha

Ko zasadimo seme, le-to vzklije, raste in cveti. Končni rezultat so sadovi. In podobno kadar seme življenja, ki ga je Bog zasadil v nas, vzbrsti po Svetem Duhu, kmalu zraste in obrodi sadove Svetega Duha. Vseeno pa sadove Svetega Duha ne obrodi vsak človek, ki je prejel Svetega Duha. To lahko dosežemo samo, kadar sledimo vodstvu Svetega Duha.

Svetega Duha lahko primerjamo z električnim generatorjem. Ko generator obratuje, pri tem proizvaja električno energijo. In če je ta generator povezan z žarnico, bo ta oddajala svetlobo. Ko je prisotna svetloba, se tema umakne. Podobno kadar v nas deluje Sveti Duh, tema znotraj nas izgine, saj v naše srce vstopi svetloba. Takrat lahko obrodimo sadove Svetega Duha.

Tukaj pa velja omeniti eno pomembno stvar. Da bi žarnica svetila, ni dovolj, da jo zgolj povežemo z generatorjem, pač pa mora nekdo poganjati generator. Bog nam je dal generator z imenom Sveti Duh, in mi smo tisti, ki moramo poganjati ta generator oziroma Svetega Duha.

Da bi lahko poganjali generator Svetega Duha, moramo ostajati budni in goreče moliti. Prav tako moramo biti poslušni vodstvu Svetega Duha in slediti resnici. Kadar smo poslušni vodstvu in spodbudam Svetega Duha, takrat pravimo, da sledimo poželenjem Svetega Duha. Ko tako marljivo sledimo poželenjem Svetega Duha, bomo postali napolnjeni s Svetim Duhom in posledično bo naše srce spreobrnjeno z resnico. Polnost Svetega

Duha pa hkrati pomeni, da bomo obrodili sadove Svetega Duha. Ko izkoreninimo vse grešne narave iz našega srca in vzgojimo duhovno srce ob pomoči Svetega Duha, začnejo sadovi Svetega Duha kazati svojo podobo. Toda tako kot se razlikuje hitrost zorenja in velikost grozdnih jagod, tako lahko določeni sadovi Svetega Duha docela dozorijo, medtem ko so drugi še nedozoreli. Nekdo lahko obilno obrodi sad ljubezni, medtem ko njegov sad samoobvladanja še ni dovolj zrel. Ali pa je posameznikov sad zvestobe že popolnoma zrel, njegov sad krotkosti pa ostaja nezrel.

Pa vendar, skozi čas dozorijo vse grozdne jagode do popolnosti, in cel grozd postane poln velikih, temno vijoličnih grozdnih jagod. Če torej v celoti obrodimo vse sadove Svetega Duha, to pomeni, da smo postali človek popolnega duha, za katerega si Bog želi, da bi dosegel veliko. Takšni ljudje oddajajo Kristusov vonj v vseh pogledih njihovega življenja. Zelo jasno tudi slišijo glas Svetega Duha, manifestirajo moč Svetega Duha in poveličujejo Boga. In ker odsevajo popolno bogopodobnost, bodo prejeli kvalifikacije za vstop v Novi Jeruzalem, kjer se nahaja Božji prestol.

Poželenja Svetega Duha in poželenja mesa

Kadar si prizadevamo slediti poželenju Svetega Duha, nas pri tem ovira še neka druga vrsta poželenja. Gre za poželenje mesa. Pravzaprav govorimo o poželenju mesa, poželenju oči in napuhu življenja. Vsa ta poželenja sledijo neresnicam, ki so nasprotje Božje besede. Prav tako nas vzpodbujajo h grehom, krivičnosti in nepostavnosti.

Nedavno me je nek moški prosil za molitev, da bi lahko prenehal gledati nespodobne vsebine. Dejal je, da ko je začel gledati te vsebine, tega ni počel iz užitka, temveč da bi spoznal, kako takšne reči vplivajo na ljudi. Toda ko je enkrat videl te posnetke, je nenehno razmišljal o videnih prizorih in jih želel gledati znova in znova. Pri tem ga je Sveti Duh ves čas rotil, naj tega ne počne, in to ga je močno pretresalo.

V omenjenem primeru je bilo srce tega možakarja vzpodbujeno skozi poželenje oči, in sicer skozi reči, ki jih je videl in slišal z očmi in ušesi. Če ne odpravimo tega poželenja mesa in ga še naprej sprejemamo, bomo kmalu sprejeli še drugo, tretjo in četrto neresnico, in to število bo kar naprej raslo.

Iz tega razloga pismo Galačanom 5:16-18 pravi: "Pravim torej: žívite v Duhu in nikakor ne boste stregli poželenju mesa. Kajti meso si želi, kar je zoper Duha, Duh pa, kar je zoper meso. Ta dva si namreč nasprotujeta, da ne bi delali tega, kar hočete. Toda če se daste voditi Duhu, niste pod postavo."

Po eni strani, kadar sledimo poželenjem Svetega Duha, uživamo mir v našem srcu in smo zadovoljni, saj se Svetu Duh razveseljuje. Po drugi strani pa, kadar sledimo poželenjem mesa, je naše srce nemirno, kajti Sveti Duh objokuje v nas. Hkrati takrat izgubimo polnost Duha, zato postaja čedalje težje slediti poželenjem Svetega Duha.

Pavel je na to temo zapisal v pismu Rimljanom 7:22-24: "Kot notranji človek namreč z veseljem soglašam z Božjo postavo, v svojih udih pa vidim drugo postavo, ki se bojuje proti postavi mojega uma in me usužnjuje postavi greha, ki je v mojih udih. Jaz nesrečnež! Kdo me bo rešil telesa te smrti?" Odvisno od tega, ali sledimo poželenjem Svetega Duha ali poželenjem mesa, lahko postanemo rešeni Božji otroci ali pa otroci teme, ki so izbrali pot smrti.

Galačanom 6:8 pravi: "Kdor seje v svoje meso, bo od mesa žel pogubo; kdor pa seje v Duha, bo od Duha žel večno življenje." Če strežemo poželenjem mesa, bomo delali samo dela mesa, ki so grehi in nepostavnost, in nazadnje ne bomo odšli v nebeško kraljestvo (Galačanom 5:19-21). Če strežemo poželenjem Svetega Duha, pa bomo obrodili devet sadov Svetega Duha (Galačanom 5:22-23).

Nikar ne izgubimo srca za delanje dobrega

V tolikšni meri, kot ravnamo v veri in sledimo vodstvu Svetega Duha, tudi obrodimo sadove Duha in postanemo pravi Božji otroci. Človekovo srce je namreč sestavljeno iz srca resnice in srca neresnice. Srce resnice nas vodi k sledenju poželenj Svetega Duha in življenju po Božji besedi. Srce neresnice pa nas napeljuje k sledenju poželenj mesa in življenju v temi.

Na primer, posvečevanje Gospodovega dne je ena od desetih Božjih zapovedi, po katerih se morajo ravnati vsi Božji otroci. Toda vernik, ki vodi prodajalno in ima šibko vero, bo kaj hitro podvomil v svojem srcu, češ da bo ob izgubo dobička, če ob nedeljah zapre prodajalno. Poželenja mesa mu tukaj narekujejo: 'Kaj ko bi zaprl prodajalno vsak drug teden? Ali pa, kaj ko bi se sam udeležil nedeljske jutranje maše, žena pa večerne maše, in se tako izmenjavava v trgovini?' Medtem pa poželenja Svetega Duha pomagajo temu možakarju izpolnjevati Božjo besedo na podlagi razumevanja v smislu: "Če bom posvečeval Gospodov dan, mi bo Bog omogočil več dobička, kot če odprem prodajalno ob nedeljah."

Sveti Duh pomaga naši slabotnosti in posreduje za nas z neizrekljivimi vzdihi (Rimljanom 8:26). Kadar tako ob pomoči Svetega Duha sledimo resnici, bomo uživali mir v srcu in naša vera bo rasla iz dneva v dan.

Božja beseda v Svetem pismu je resnica, ki se nikoli ne spreminja in predstavlja dobroto kot takšno. Prav tako daje večno življenje Božjim otrokom in služi kot luč, ki jih vodi do večne sreče in radosti. Božji otroci, ki so vodeni s strani Svetega Duha, morajo križati meso, skupaj z njegovimi poželenji in strastmi. Slediti morajo poželenjem Svetega Duha v skladu z Božjo besedo in ne smejo izgubiti srca za delanje dobrega.

Matej 12:35 pravi: "Dober človek prinaša iz dobrega zaklada dobro, hudoben človek pa iz hudobnega zaklada húdo." Odpraviti moramo torej hudobijo iz našega srca skozi gorečo molitev in nabirati dobra dela.

Pismo Galačanom 5:13-15 pravi: "Vi ste namreč poklicani k svobodi, bratje. Le da vam svoboda ne bo pretveza za življenje po mesu, temveč služíte drug drugemu po ljubezni. Saj je celotna postava izpolnjena v eni zapovedi, namreč: Ljubi svojega bližnjega kakor samega sebe. Če pa se med seboj grizete in obžirate, glejte, da se med seboj ne pokončate." Galačanom 6:1-2 pa dodaja: "Bratje, če zasačite koga pri kakšnem prestopku, ga vi, ki ste duhovni, opomnite v duhu krotkosti. Pri tem pazi nase, da ne boš tudi sam padel v skušnjavo. Nosíte bremena drug drugemu in tako boste izpolnili Kristusovo postavo."

Kadar upoštevamo zgornje Božje besede, lahko obrodimo obilne sadove Duha in postanemo ljudje duha in popolnega duha. Tedaj bomo prejeli vse, za kar bomo prosili v molitvi, in vstopili bomo v Novi Jeruzalem v večnem nebeškem kraljestvu.

1 Janez 4:7-8

"Ljubi, ljubimo se med seboj, ker je ljubezen od Boga in ker je vsak, ki ljubi, iz Boga rojen in Boga pozna. Kdor ne ljubi, Boga ni spoznal, kajti Bog je ljubezen."

2. poglavje

Ljubezen

Najvišja mera duhovne ljubezni
Mesena ljubezen se spreminja skozi čas
Duhovna ljubezen pomeni žrtvovanje lastnega življenja
Resnična ljubezen do Boga
Da bi obrodili sad ljubezni

Ljubezen

Ljubezen je mogočnejša, kot si ljudje predstavljajo. Z močjo ljubezni lahko namreč rešimo tiste, ki so sicer pozabljeni od Boga in korakajo na poti v pogubo. Ljubezen jim lahko vlije novih moči in spodbude. Kadar branimo napake drugih ljudi z močjo ljubezni, se bodo zvrstile prav neverjetne spremembe in veliko blagoslovov, saj vendar Bog deluje na podlagi dobrote, ljubezni, resnice in pravice.

Neka sociološka raziskovalna skupina je opravila študijo z 200 študenti, ki so živeli v revščini mesta Baltimore. Prišli so do zaključka, da so bili ti študenti praktično brez možnosti in upanja po uspehu. Toda ko so 25 let kasneje ponovno preverili status teh istih študentov, je bil rezultat osupljiv. 176 od 200 študentov je odraslo v izredno uspešne posameznike, kot so odvetniki, zdravniki, duhovniki in poslovneži. Seveda so jih raziskovalci povprašali, kako so uspeli premagati tako nenaklonjene okoliščine, in takrat jih je večina omenila ime nekega učitelja. In ko se tega učitelja vprašali, kako je dosegel tako neverjetno spremembo pri teh ljudeh, je ta odvrnil: "Preprosto sem jih imel rad, in oni so to dobro vedeli."

Kaj je potemtakem ljubezen, prvi od devetih sadov Svetega Duha?

Najvišja mera duhovne ljubezni

Ljubezen lahko v splošnem delimo na meseno ljubezen in duhovno ljubezen. Mesena ljubezen išče zgolj lastne koristi. Gre za prazno ljubezen, ki se skozi čas spreminja. Po drugi strani pa duhovna ljubezen išče koristi drugih in ostaja nespremenljiva v vseh okoliščinah. 1 Korinčanom 13 lepo opisuje to duhovno ljubezen.

"Ljubezen je potrpežljiva, dobrotljiva je ljubezen, ni nevoščljiva, ljubezen se ne ponaša, se ne napihuje, ni brezobzirna, ne išče svojega, ne da se razdražiti, ne misli hudega. Ne veseli se krivice, veseli pa se resnice. Vse prenaša, vse veruje, vse upa, vse prestane." (vrstica 4-7).

Kako se potem sad ljubezni iz 5. poglavja pisma Galačanom razlikuje od duhovne ljubezni iz 13. poglavja Prvega pisma Korinčanom? Ljubezen kot sad Svetega Duha vključuje žrtveno ljubezen, s katero je posameznik pripravljen žrtvovati svoje življenje. Ta ljubezen je na višjem nivoju kot ljubezen iz 13. poglavja Prvega pisma Korinčanom. Pravzaprav govorimo o najvišji meri duhovne ljubezni.

Če obrodimo sad ljubezni in smo se pripravljeni žrtvovati za druge, potem znamo ljubiti vse in vsakogar. Bog nas je ljubil z vsem srcem in Gospod nas je ljubil z vsem Svojim življenjem. Če gojimo tovrstno ljubezen, smo pripravljeni žrtvovati svoja življenja za Boga, Njegovo kraljestvo in Njegovo pravičnost. Poleg tega, ker ljubimo Boga, lahko posedujemo najvišjo mero ljubezni, s katero se ne žrtvujemo le za naše brate, temveč celo za sovražnike, ki nas sovražijo.

1 Janez 4:20-21 pravi: "Če kdo pravi: 'Ljubim Boga,' pa sovraži svojega brata, je lažnivec. Kdor namreč ne ljubi svojega brata, ki ga je videl, ne more ljubiti Boga, katerega ni videl. In od Njega imamo to zapoved: Tisti, ki ljubi Boga, naj ljubi tudi svojega brata." Če ljubimo Boga, bomo ljubili vse ljudi. Če pa izpovedujemo ljubezen v Boga, medtem ko nekoga sovražimo, potem gre za laž.

Mesena ljubezen se spreminja skozi čas

Ko je Bog ustvaril prvega človeka Adama, ga je ljubil z duhovno ljubeznijo. Zanj je pripravil čudovit vrt na vzhodu Edena in mu omogočil živeti v izobilju. Bog je hodil z Adamom. In Bog mu ni dal le edenskega vrta, ki je bil popoln kraj za življenje, temveč tudi oblast, da si je lahko podvrgel in vladal vsemu na tej zemlji.

Bog je Adamu izkazal neizmerno duhovno ljubezen. Vendar Adam v resnici ni mogel čutiti te Božje ljubezni, saj nikoli ni izkusil sovraštva ali spremenljive mesene ljubezni, zato se tudi ni zavedal dragocenosti Božje ljubezni. Ko je preteklo veliko časa, je bil Adam zapeljan s strani kače in je prekršil Božjo besedo. Pojedel je sadež, ki ga je Bog prepovedal (Geneza 2:17; 3:1-6).

Kot rezultat tega je v Adamovo srce vstopil greh in Adam je postal meseni človek, ki več ni mogel komunicirati z Bogom. Bog mu ni več mogel dovoliti živeti v edenskem vrtu, zato ga je izgnal na to zemljo. Skozi vzgojo človeštva (Geneza 3:23) so tako vsi ljudje, ki so Adamovi potomci, spoznali in izkusili relativnost, saj so na lastni koži doživeli nasprotja ljubezni iz Edena, stvari kot so sovraštvo, zavist, bolečina, žalost, bolezen in trpljenje. Tako so se čedalje bolj oddaljevali od duhovne ljubezni. Zaradi grehov so njihova srca postala pokvarjena mesena srca in njihova ljubezen je postala mesena ljubezen.

Danes je preteklo že ogromno časa od Adamovega padca, a vendar je na tem svetu še težje najti duhovno ljubezen. Ljudje izražajo ljubezen na različne načine, vendar gre za meseno ljubezen, ki se spreminja skozi čas. Z minevanjem časa se situacije in okoliščine spremenijo, dokler si ne premislijo in izdajo ljubljene osebe na račun lastnih koristi. Tudi darujejo le, kadar sami najprej prejmejo, oziroma kadar je darovanje zanje koristno. Če želite prejeti v zameno za darovano, ali če ste razočarani, kadar vam drugi ne darujejo po vaših pričakovanjih, gre prav tako za meseno ljubezen.

Ko moški in ženska hodita na zmenke, si rada izpovedujeta, da 'se bosta ljubila večno' in da 'ne moreta živeti brez drugega'. Toda pogosto se njuna čustva po poroki močno spremenijo. Sčasoma začneta opažati stvari, ki jima niso všeč na partnerju. V preteklosti je bilo vse videti rožnato in sta se trudila ugajati drug drugemu pri vseh rečeh, a zdaj tega več ne zmoreta. Čedalje bolj sta nejevoljna in drug drugemu grenita življenje. Razjezita se že nad vsako malenkostjo, kadar denimo partner nima istih želja. Še pred nekaj desetletji je bila ločitev izredno redek pojav, danes pa se ljudje zlahka ločujejo in kmalu stopijo v nov zakon. Pa vendar vsakič znova zatrjujejo, da iskreno ljubijo drugo osebo. To je značilno za meseno ljubezen.

Tudi ljubezen med starši in otroci ni veliko drugačna. Seveda bi nekateri starši dali celo lastno življenje za otroke, a tudi če to storijo, ne gre za duhovno ljubezen, če jo izkazujejo le svojim lastnim otrokom. Če resnično gojimo duhovno ljubezen, jo izkazujemo vsakomur, ne le lastnim otrokom. Ker pa je v svetu vsak dan več hudobije, redko najdemo že takšne starše, ki so se pripravljeni žrtvovati za lastne otroke. Veliko staršev in otrok se med seboj sovraži zaradi takšnih ali drugačnih denarnih koristi ali razhajanj pri mnenjih.

Kaj pa ljubezen med sorojenci ali prijatelji? Mnogi bratje postanejo kakor sovražniki, kadar so vpleteni v kakšne denarne zadeve. Še pogosteje pa do tega prihaja med prijatelji. Običajno imajo radi drug drugega, ko je vse lepo in si delijo iste poglede. Toda v drugačnih okoliščinah se njihova medsebojna naklonjenost hitro spremeni. Ljudje prav tako ponavadi pričakujejo v zameno v enaki meri kot so darovali sami. Po eni strani, kadar so strastni, morda komu kaj poklonijo in ne pričakujcjo ničesar v zameno. A ko se strast ohladi, obžalujejo dejstvo, da so darovali in ničesar prejeli. Na koncu to pomeni, da so vendarle želeli nekaj v zameno. Tovrstna ljubezen je mesena ljubezen.

Duhovna ljubezen pomeni žrtvovanje lastnega življenja

Ganljivo je videti, ko nekdo žrtvuje lastno življenje za ljubljeno osebo. Toda, kadar se zavedamo, da se bomo morali žrtvovati za nekoga drugega, je težko ljubiti to osebo. Na ta način je človekova ljubezen omejena.

Nek kralj je imel prekrasnega sina. V kraljestvu so tisti čas ujeli zloglasnega morilca in ga obsodili na smrt. Ta morilec bi lahko preživel le tako, da bi namesto njega umrla nedolžna oseba. Ali lahko v tem primeru kralj žrtvuje lastnega sina, da bi rešil življenje morilcu? Kaj takšnega se ni zgodilo še nikoli v celotni človeški zgodovini. Vendar Bog Stvarnik, ki Ga ni moč primerjati z nobenim kraljem te zemlje, je dal Svojega edinega Sina za nas. Tako močno nas Bog ljubi (Rimljanom 5:8).

Po Adamovem grehu je bilo vso človeštvo obsojeno na pot pogube kot plačilo za greh. Da bi rešil človeštvo in ljudi povedel v nebesa, je bilo najprej treba rešiti to njihovo težavo z grehom. V ta namen je Bog poslal Svojega edinega Sina Jezusa, ki je nato s Svojim življenjem plačal ceno njihovega greha.

Galačanom 3:13 pravi: "Preklet je vsak, kdor visi na lesu." Jezus je bil pribit na lesen križ, da bi nas osvobodil prekletstva postave, ki veleva: "Plačilo za greh je namreč smrt" (Rimljanom 6:23). Prav tako, ker brez krvi ni odpuščanja (Hebrejcem 9:22), je Jezus prelil vso Svojo kri in vodo. Jezusu so bile naložene kazni v našem imenu, in vsakomur, ki veruje Vanj, so lahko odpuščeni njegovi grehi in pridobi večno življenje.

Bog je vedel, da bodo grešniki preganjali, zaničevali in naposled križali Jezusa, ki je Sin Božji. Pa vendar, da bi rešil grešno človeško raso, ki je bila obsojena na večno smrt, je Bog poslal Jezusa na to zemljo.

1 Janez 4:9-10 pravi: "Božja ljubezen do nas pa se je razodela v tem, da je Bog poslal v svet Svojega edinorojenega Sina, da bi živeli po Njem. Ljubezen je v tem – ne v tem, da bi bili mi vzljubili Boga. On nas je vzljubil in poslal Svojega Sina v spravno daritev za naše grehe."

Bog je dokazal Svojo ljubezen do nas tako, da je dal na križ pribit Svojega edinega Sina Jezusa. Jezus je pokazal Svojo ljubezen s tem, ko je žrtvoval Svoje življenje na križu, da bi odkupil človeštvo njihovih grehov. Ta Božja ljubezen, ki se kaže skozi darovanje Njegovega Sina, je večno nespremenljiva ljubezen, ki se žrtvuje za vse ljudi in do zadnje kaplje krvi.

Resnična ljubezen do Boga

Ali lahko tudi mi posedujemo takšno ljubezen? 1 Janez 4:7-8 pravi: "Ljubi, ljubimo se med seboj, ker je ljubezen od Boga in ker je vsak, ki ljubi, iz Boga rojen in Boga pozna. Kdor ne ljubi, Boga ni spoznal, kajti Bog je ljubezen."

Če ne le poznamo, ampak dejansko globoko v naših srcih čutimo ljubezen, kakršno je Bog izkazal nam, bomo tudi mi iskreno ljubili Boga. V krščanskem življenju se bomo morda soočali s težavnimi preizkušnjami, oziroma se bomo znašli v položaju, ko lahko izgubimo vso naše premoženje in dragocenosti. Vendar tudi v takšnih situacijah bodo naša srca ostajala neomajna, če le gojimo resnično ljubezen znotraj nas.

Nekoč bi kmalu izgubil vse tri moje dragocene hčerke. Pred več kot 30 leti so Korejci uporabljali brikete premoga za ogrevanje. Toda pri kurjenju premoga je nastajal ogljikov monoksid, kar je pogosto privedlo do nesreč. Zgodilo se je kmalu po odprtju moje cerkve. Z družino smo takrat živeli v kletnih prostorih pod cerkvijo. Nekega dne so se moje tri hčere, skupaj z nekim mladeničem, zastrupile z ogljikovim monoksidom. Vso noč so vdihovale plin in zdelo se je, da ni več rešitve zanje.

Ob pogledu na nezavestne hčerke nisem ničesar obžaloval niti se pritoževal. Preprosto sem bil hvaležen z mislimi, da bodo živele v miru v čudovitih nebesih, kjer ni solza, žalosti in ne bolečine. Ker pa je bil zastrupljeni mladenič preprost cerkveni član, sem prosil Boga za njegovo življenje, da ne bi osramotil Boga. Položil sem roke na mladeniča in molil zanj. Nato sem molil tudi za mojo najmlajšo hčerko. Medtem ko sem molil zanjo, je mladenič prišel k zavesti. In ko sem molil za drugo hčerko, se je zbudila tretja hčerka. Kmalu so bile pri zavesti vse tri hčerke, pri tem pa niso utrpele nobenih posledic in so še danes zdrave. Vse tri delujejo kot pastorke v cerkvi.

Če ljubimo Boga, se naša ljubezen ne bo spreminjala ne glede na okoliščine. Vsi smo že prejeli Njegovo ljubezen, ko je za nas žrtvoval Svojega edinega Sina, in potemtakem nimamo nobenega razloga, da bi Mu zamerili ali dvomili v Njegovo ljubezen. Lahko Ga samo brezpogojno ljubimo, zaupamo v Njegovo ljubezen in Mu ostajamo zvesti vse življenje.

Ta odnos pa moramo ohranjati tudi pri skrbi za druge duše. 1 Janez 3:16 pravi: "Ljubezen spoznavamo po tem, da je On dal življenje za nas. In takó smo tudi mi dolžni dati življenje za brate." Če gojimo resnično ljubezen do Boga, bomo s to isto ljubeznijo ljubili tudi naše brate. To pomeni, da ne bomo iskali lastnih koristi in bomo potemtakem darovali vso naše imetje in ničesar pričakovali v zameno. Žrtvovali se bomo s čistimi motivi in poklonili vso naše imetje drugim ljudem.

Na svoji poti vere sem do današnjega dne prestal veliko preizkušenj. Izdali so me tisti, ki sem jim veliko pomagal, in tudi tisti, ki sem jih obravnaval kot lastno družino. Ljudje so me pogosto napačno razumeli in kazali s prsti name.

A jaz sem jim kljub temu vedno vračal z dobroto. Prav vse sem predajal v Božje roke in molil, da bi Bog odpustil tem ljudem z Njegovo ljubeznijo in sočutjem. Sovražil nisem niti tistih, ki so povzročili veliko škode moji cerkvi in nato izginili. Želel sem samo, da bi se pokesali in prišli nazaj. Ko so ti ljudje zagrešili hudobije, so se name vselej zgrnile hude preizkušnje. Pa vendar sem jih obravnaval z dobroto, saj sem verjel, da me Bog ljubi, in ker sem tudi njih ljubil z Božjo ljubeznijo.

Da bi obrodili sad ljubezni

Sad ljubezni lahko obrodimo v tolikšni meri kot smo dosegli posvečenost našega srca, tako da izkoreninimo grehe, hudobijo in nepostavnost. Resnična ljubezen izhaja iz srca, v katerem ni nobene hudobije. Če posedujemo resnično ljubezen, lahko drugim prinašamo mir in jih nikoli ne vznemirjamo ali obremenjujemo. Takrat tudi razumemo srca ljudi in jim služimo. Prav tako jih osrečujemo in pomagamo, da bi šlo njihovim dušam dobro in bi naposled vstopili v Božje kraljestvo.

V Svetem pismu se lahko prepričamo, kakšno ljubezen so gojili očetje vere. Mojzes je ljubil svoje ljudstvo Izraela tako močno, da jih je želel rešiti tudi za ceno, ko bi bilo njegovo ime izbrisano iz knjige življenja (Eksodus 32:32).

Apostol Pavel je ravno tako ljubil Gospoda z neomajnim srcem od trenutka, ko Ga je prvič srečal. Kot apostol poganov je rešil veliko duš in ustanovil veliko cerkva na njegovih treh misijonskih potovanjih. Četudi je bila njegova pot izčrpavajoča in polna nevarnosti, je Pavel oznanjal Jezusa Kristusa vse do svoje mučeniške smrti v Rimu.

Nenehno so mu stregli po življenju in ga preganjali. Bil je pretepen in vržen v ječo. Trikrat je doživel brodolom in eno noč in dan preživel na globokem morju. Pa vendar Pavel nikoli ni obžaloval izbrane poti. Namesto da bi skrbel zase, ga je skrbelo za cerkev in vernike, in to celo medtem, ko je prestajal težke čase.

Svoja čustva je lepo opisal v 2 Korinčanom 11:28-29, kjer pravi: "Poleg tega še vse, kar me dan za dnem zaposluje, skrb za vse

Cerkve. Kdo je slaboten, ne da bi bil tudi jaz slaboten? Kdo pa se spotika, ne da bi tudi mene žgalo?"

Apostol Pavel ni prizanesel niti lastnemu življenju, saj je v njem gorela velika ljubezen za duše. To njegovo ljubezen opisuje tudi pismo Rimljanom 9:3, ki pravi: "Kajti želel bi biti sam preklet in ločen od Kristusa v prid svojim bratom, ki so moji rojaki po mesu." 'Moji rojaki' se tukaj ne nanaša na družino ali sorodnike, pač pa na vse Jude, vključno s tistimi, ki so ga preganjali.
Pavel bi brez oklevanja sprejel pekel namesto njih, če bi jih lahko tako rešil. Takšna je bila njegova ljubezen. Kot piše v Janezu 15:13: "Nihče nima večje ljubezni, kakor je ta, da dá življenje za svoje prijatelje." Apostol Pavel je dokazal svojo najvišjo stopnjo ljubezni tako, da je postal mučenik.

Nekateri ljudje izpovedujejo ljubezen do Gospoda, a ne ljubijo svojih bratov v veri. Ti bratje nikakor niso njihovi sovražniki in nikogar ne prosijo za žrtvovanje, vseeno pa med njimi prihaja do sporov in gojijo zamere drug do drugega zaradi povsem trivialnih zadev. Zamere kujejo celo pri opravljanju Božjega dela, kadar se njihova stališča razlikujejo. Nekateri so brezčutni do drugih, katerih duh ugaša in umira. Ali lahko potem rečemo, da ti ljudje ljubijo Boga?

Nekoč sem pred celotno kongregacijo izpovedal naslednje: "Če lahko rešim tisoč ljudi, sem pripravljen oditi v pekel namesto njih." Seveda se dobro zavedam, kakšen kraj je v resnici pekel. Osebno nikoli ne bi storil ničesar, kar bi me obsodilo na pekel. Toda če lahko rešim te duše, ki so na poti v pekel, sem resnično pripravljen sprejeti to kazen namesto njih.

Nenazadnje bi teh tisoč duš lahko vključevalo tudi člane naše cerkve. Lahko bi šlo za cerkvene voditelje ali člane, ki niso izbrali resnice in stopajo po poti pogube, četudi so slišali besede resnice in bili priče mogočnim delom Boga. Med njimi bi lahko bili tudi takšni, ki preganjajo našo cerkev v njihovem zmotnem prepričanju in zavisti. Ali pa uboge duše v Afriki, ki stradajo zaradi državljanskih vojn, lakote in revščine.

Tako kot je Jezus umrl zame, tako lahko jaz darujem življenje zanje. In ne gre za to, da bi jih ljubil kot del moje dolžnosti, ker pač Božja beseda pravi, da moramo ljubiti. Dan za dnem izročam vso svoje življenje in energijo za njihovo odrešenje, ker jih ljubim bolj kot lastno življenje in ne samo z besedami. Vso svoje življenje izročam zato, ker vem, da je to največja želja Očeta Boga, ki me je ljubil.

Moje srce je polno misli, kot so: 'Kako bi lahko oznanjeval evangelij na več krajih?' 'Kako lahko manifestiram mogočnejša dela Božje moči, da bi več ljudi začelo verovati?' 'Kako naj jim pomagam dojeti praznost tega sveta in jih vodim, da si izborijo bivališče v nebeškem kraljestvu?'

Ozrimo se nazaj nase, da bi spoznali, koliko Božje ljubezni je vklesano v nas. Gre namreč za ljubezen, s katero je Bog žrtvoval življenje Svojega edinega Sina. Če smo polni te Njegove ljubezni, bomo ljubili Boga in duše z vsem našim srcem. To je potem resnična in iskrena ljubezen. In, če smo to ljubezen vzgojili v popolnosti, bomo lahko vstopili v Novi Jeruzalem, ki je kristaloid ljubezni. Zato iskreno upam, da bi vsi vi delili večno ljubezen z Očetom Bogom in Gospodom v tem kraju.

Filipljanom 4:4

Veselite se v Gospodu zmeraj; ponavljam vam, veselite se.

Zoper te stvari ni postave

3. poglavje

Veselje

Sad veselja
Zakaj veselje prve ljubezni izgine?
Ko rodimo duhovno veselje
Če želite obroditi sad veselja
Žalovanje tudi po tem, ko smo obrodili sad veselja
Bodimo pozitivni in vedno sledimo dobroti

Veselje

Smeh blaži stres, jezo in napetost, kar med drugim pomaga pri preprečevanju srčnega napada in nenadne smrti. Poleg tega izboljšuje odpornost telesa, zato ima pozitiven vpliv pri preprečevanju okužb, kot so gripa, ali celo bolezni, kot so rak. Smeh vsekakor pozitivno vpliva na naše zdravje, in tudi Bog nam narekuje, naj se vedno razveseljujemo. Morda bo kdo rekel: "Kako naj se razveseljujem, ko se nimam nad čem?" Vendar, verni ljudje se lahko vselej razveseljujejo v Gospodu, kajti verjamemo, da jim bo Bog pomagal čez vse stiske in bodo nazadnje vodeni v nebeško kraljestvu, kjer jih čaka večno veselje.

Sad veselja

Veselje je "intenzivna in še zlasti ekstatična oz. radostna sreča." Medtem pa duhovno veselje ne pomeni le ekstremne sreče. Tudi neverniki se lahko razveseljujejo, ko stvari tečejo dobro, vendar je to veselje zgolj začasno. Njihovo veselje namreč izgine takoj, ko se stvari obrnejo na slabše. Če pa obrodimo sad veselja v našem srcu, se bomo lahko razveseljevali v vseh situacijah.

1 Tesaloničanom 5:16-18 pravi: "Zmeraj se veselite. Neprenehoma molíte. V vsem se zahvaljujte: kajti to je Božja volja v Kristusu Jezusu glede vas." Duhovno veselje pomeni, da se razveseljujemo in zahvaljujemo v vseh okoliščinah. Veselje je ena najbolj očitnih in jasnih pokazateljev za merjenje in preverjanje našega krščanskega življenja.

Nekateri verniki hodijo po poti Gospoda z veseljem in srečo, medtem ko drugi ne kažejo iskrenega veselja in hvaležnosti iz srca, četudi se močno trudijo v svoji veri. Udeležujejo se bogoslužja, molijo in izpolnjujejo cerkvene dolžnosti, vendar vse to počno ravnodušno, kot bi opravljali delo v službi. In če naletijo na težavo, hitro izgubijo še tisto zadnjo trohico miru in njihova srca preplavi zaskrbljenost.

Če vas muči težava, ki je niste sposobni rešiti sami, takrat lahko pri sebi preverite, ali se resnično razveseljujete iz dna vašega srca. V takšnem primeru je morda še najbolje pogledati v ogledalo. Prav tako lahko preverite, v kolikšnem obsegu ste obrodili sad veselja.

Pravzaprav je že samo dejanje Jezusa Kristusa, ko nas je rešil po Svoji krvi, več kot zadosten razlog za nenehno razveseljevanje. Obsojeni smo bili na večni ogenj pekla, a nato nam je bilo po krvi Jezusa Kristusa omogočeno oditi v nebeško kraljestvo, ki je polno sreče in miru. Že samo to dejstvo nas lahko napaja z nepopisno srečo.

Kako izredno veseli so morali biti sinovi Izraela, ko so po eksodusu prečkali Rdeče morje po suhem in tako ubežali pred egipčansko vojsko? Presrečne žene so plesale in igrale na bobne in vsi ljudje so slavili Boga (Eksodus 15:19-20).

Podobno velja, ko človek sprejme Gospoda, čuti nepopisno veselje doseženega odrešenja in takrat lahko vselej prepeva hvalnice, tudi kadar je utrujen po napornem dnevu. Tudi če ga preganjajo v imenu Gospoda ali če neupravičeno trpi stisko, bo tak človek preprosto srečen z mislimi na nebeško kraljestvo. In če to veselje ohranja neprenehoma in v celoti, bo kmalu do popolnosti obrodil sad veselja.

Zakaj veselje prve ljubezni izgine?

V realnosti le redki ohranijo veselje svoje prve ljubezni. Na določeni točki, potem ko so sprejeli Gospoda, veselje izgine in ljudje spremenijo svoja čustva glede milosti odrešenja. V preteklosti so bili srečni tudi v času stiske z mislimi na Gospoda, a kasneje začnejo vzdihovati in tarnati, kadar ne gre vse po načrtih. Podobno je bilo s sinovi Izraela, ki so zelo hitro pozabili na veselje ob prečkanju Rdečega morja, zato so se pritožili pred Bogom in nasprotovali Mojzesu že zaradi najmanjših neprijetnosti.

Zakaj se ljudje tako spremenijo? Razlog je ta, ker nosijo meso v svojih srcih. In to meso ima duhovni pomen. Nanaša se namreč na lastnosti človekovega značaja, ki nasprotujejo duhu. 'Duh' je nekaj, kar pripada Bogu Stvarniku, je čudovit in se nikoli ne spreminja, medtem ko je 'meso' značilnost vsega, kar je ločeno od Boga. Gre za stvari, ki bodo propadle, se pokvarile in izginile. Meso so potemtakem vse vrste grehov, od nepostavnosti, krivičnosti in različnih neresnic. Kdor kaže lastnosti mesa, bo kmalu izgubil veselje, ki je nekoč napolnjevalo njegovo srce. Poleg tega, ker je njegova narava spremenljiva, sovražnik hudič in Satan to izkorišča in poskuša osebo pahniti v nenaklonjene okoliščine.

Apostol Pavel je bil pretepen in vržen v ječo, ko je oznanjeval evangelij. Toda ko je molil in poveličeval Boga brez vsake skrbi na tem svetu, je ponoči nastal potres in so se odprla vrata njegove ječe. Kasneje je na račun tega dogodka evangeliziral veliko nevernikov. V nobeni stiski ni izgubil svojega veselja in vernike je vselej spodbujal z besedami: "Veselite se v Gospodu zmeraj; ponavljam vam, veselite se. Vaša dobrota bodi znana vsem ljudem. Gospod je blizu. Nič ne skrbite, ampak ob vsaki priložnosti izražajte svoje želje Bogu z molitvijo in prošnjo, z zahvaljevanjem." (Filipljanom 4:4-6).

Če se znajdete v težavnem položaju in se zdi, kot bi viseli z roba pečine, zakaj ne bi molili z zahvaljevanjem, kot je to počel apostol Pavel? Bog bo zadovoljen z vašim dejanjem vere in bo deloval v dobro vsega.

Ko rodimo duhovno veselje

David se je boril na bojiščih za svojo deželo že vse od malih nog. V številnih vojnah je izkazal veliko hrabrost in bil nagrajen za zasluge. Ko so kralja Savla obsedli zli duhovi, je David zanj igral na harfo in mu dajal uteho. Nikoli ni prekršil nobenega ukaza svojega kralja. Kljub temu pa kralj Savel ni bil hvaležen Davidu, temveč je sovražil Davida iz zavidanja. Ker je bil David oboževan s strani ljudstva, se je Savel zbal za prestol in začel preganjati Davida z vojsko, da bi ga ubil.

David je bil prisiljen bežati pred Savlom. Da bi si rešil življenje, se je nekoč delal neumnega, praskal po krilih vrat in cedil sline po bradi. Kako bi se vi počutili v njegovih čevljih? David nikoli ni bil žalosten, ampak se je ves čas razveseljeval. Svojo vero v Boga je izpovedal s čudovitim psalmom.

"GOSPOD je moj pastir, nič mi ne manjka.
Na zelenih pašnikih mi daje ležišče;
k vodam počitka me vodi.
Mojo dušo poživlja,
vodi me po pravih stezah
zaradi Svojega imena.
Tudi če bi hodil po
globeli smrtne sence,
se ne bojim hudega, ker si Ti z menoj,
Tvoja palica in Tvoja opora, ti me tolažita.
Pred mano pogrinjaš mizo
vpričo mojih nasprotnikov;
z oljem mi maziliš glavo, moja čaša je prepolna.
Le dobrota in milina me bosta spremljali
vse dni mojega življenja;
prebival bom v hiši GOSPODOVI vse dni življenja."
(Psalmi 23:1-6).

Realnost je bila kakor trnova pot, toda v Davidu je gorelo

nekaj velikega, in sicer njegova ljubezen in neomajno zaupanje v Boga. Prav nič ni moglo zadušiti tega veselja, ki je prihajalo iz globin njegovega srca. David je bil vsekakor eden tistih, ki so obrodili sad veselja.

Minilo je enainštirideset let, odkar sem sprejel Gospoda, in v tem času nikoli nisem izgubil veselja moje prve ljubezni. Še danes vsak dan živim s hvaležnostjo. Sedem let sem trpel številne bolezni, nakar me je Božja moč v trenutku v celoti ozdravila. Nemudoma sem postal kristjan in se zaposlil kot gradbeni delavec. Imel sem priložnost pridobiti boljše delo, a sem izbral garanje, saj je bil to edini način, da sem lahko posvečeval Gospodov dan.

Sleherno jutro sem vstal ob štirih in se udeležil jutranjega molitvenega srečanja. Zatem sem odšel na delo z vnaprej pripravljeno malico. Do delovnega mesta me je ločilo okrog uro in pol vožnje z avtobusom. Delal sem od jutra do večera z le občasnim počitkom. Prav zares je bilo trdo garanje. Pred tem nikoli nisem bil fizični delavec in povrh tega sem bil vrsto let hudo bolan, zato to ni bilo enostavno delo zame.

Z dela sem prišel okrog desete ure zvečer. Na hitro sem se osvežil, pojedel večerjo, bral Sveto pismo in molil ter zaspal okrog polnoči. Žena se je za preživetje ukvarjala s prodajo od vrat do vrat, vendar je bilo izredno težko odplačevati že same obresti na dolgove, ki sva jih nabrala za časa moje bolezni. Dobesedno sva se preživljala iz dneva v dan. A čeprav sem bil v težavnem finančnem položaju, je moje srce ves čas ostajalo polno veselja in ob vsaki

priložnosti sem oznanjeval evangelij.
Dejal sem: "Bog živi! Poglejte mene! Samo na smrt sem čakal, a bil ozdravljen z Božjo močjo in danes sem povsem zdrav!"

Realnost je bila bridka in finančno zahtevna, toda osebno sem bil ves čas hvaležen za ljubezen Boga, ki me je rešil smrti. Tudi moje srce je bilo napolnjeno z upanjem po nebesih. Ko me je Bog poklical za pastorja, sem utrpel veliko neupravičenega gorja in nevzdržnih bolečin, vendar se moje veselje in hvaležnost nista nikoli ohladila.

Kako je bilo to mogoče? Razlog je ta, ker hvaležnost srca nenehno rojeva več hvaležnosti. Nenehno iščem reči, za katere sem hvaležen in v ta namen molim z zahvaljevanjem do Boga. In tukaj ne mislim samo zahvalne molitve, ampak nasploh rad Bogu darujem zahvalne daritve. Poleg zahvalnih daritev, ki sem jih daroval Bogu pri slehernem bogoslužju, sem marljivo daroval tudi zahvalne molitve za druge stvari. Zahvaljeval sem se za cerkvene člane, ki so rasli v veri; da sem lahko poveličeval Boga z velikimi cerkvami v tujini; za rast cerkve, itd. Prav zares uživam v iskanju reči, za katere se lahko zahvaljujem.

Tako mi je Bog nenehno daroval blagoslove in milost, za kar sem bil kar naprej hvaležen. Če bi se zahvaljeval samo, kadar mi je šlo dobro, in bi se pritoževal, ko mi je šlo slabo, potem danes ne bi užival tolikšne sreče.

Če želite obroditi sad veselja

Prvič - odpraviti moramo meso
Če nismo zavistni ali ljubosumni, bomo veseli, ko so drugi pohvaljeni ali blaženi. Pravzaprav bomo tako veseli, kot bi hvalili nas in bi bili sami blaženi. Po drugi strani pa bomo težko prenašali srečo drugih ljudi do te mere, do katere v sebi skrivamo zavistnost in ljubosumje. Do drugih bomo gojili zamere oziroma bomo izgubili veselje in postali malodušni, saj se bomo počutili manjvredni.

Prav tako, če ne kujemo jeze oz. zamer, bomo vedno ohranjali le mir, tudi kadar bomo obravnavani na nesramen način ali utrpeli škodo. Zamerljivi in razočarani postanemo zato, ker v sebi nosimo meso. To meso je breme, ki nam vzbuja občutek preobremenjenosti v našem srcu. Če že po naravi iščemo lastne koristi, se bomo počutili grozno in mučno, ko se bo zdelo, da smo utrpeli večjo škodo kot drugi ljudje.

Ker imamo v sebi mesene lastnosti, sovražnik hudič in Satan vzpodbuja te mesene značilnosti, da bi nas spravil v položaj, ko se ne bi mogli veseliti. In toliko kot imamo mesa, v tolikšni meri ne moremo gojiti duhovne vere, zato nas bo pestilo toliko več skrbi in pomislekov, saj se ne bomo mogli zanašati na Boga. Medtem pa se tisti, ki se zanašajo na Boga, lahko veselijo tudi v primeru, ko nimajo kaj jesti. Bog nam je namreč obljubil, da nam bo navrženo vse potrebno, če bomo le najprej iskali Božje kraljestvo in Njegovo pravičnost (Matej 6:31-33).

Kdor goji iskreno vero, bo ne glede na okoliščine vse predajal v Božje roke skozi molitve in zahvaljevanje. Tak človek bo iskal Božje kraljestvo in pravičnost z mirnim srcem in nato prosil za uslišanje teh prošenj. Po drugi strani pa tisti, ki se ne zanaša na Boga, ampak na lastne misli in načrte, ne more pomagati, da ne bi čutil nemira. Poslovneži lahko uspejo in prejmejo blagoslove samo v primeru, ko zelo jasno slišijo glas Svetega Duha in mu sledijo. Ampak dokler gojijo pohlep, nepotrpežljivost in misli neresnice, tako dolgo ne morejo slišati glasu Svetega Duha in posledično se bodo soočali s težavami. Če povzamem - poglavitni razlog za izgubo veselja so mesene lastnosti, ki so zakoreninjene v našem srcu. Ko odpravimo to meso iz našega srca, bomo čutili čedalje več veselja in hvaležnosti, in v tolikšni meri bomo tudi uspešni pri vseh rečeh.

Drugič - vselej moramo slediti poželenjem Svetega Duha

Veselje, ki ga iščemo, ni posvetno veselje, pač pa veselje, ki prihaja od zgoraj, in sicer gre za veselje Svetega Duha. Veseli in srečni smo namreč lahko šele takrat, ko se v nas razveseljuje Sveti Duh. Predvsem pa resnično veselje prihaja, ko častimo Boga z našim srcem, molimo in Ga slavimo ter izpolnjujemo Njegovo besedo.

Če povrh tega po navdihu Svetega Duha dojamemo lastne pomanjkljivosti in jih odpravimo, kako srečni bomo šele takrat!

Sreča in hvaležnost sta namreč bolj izraziti, ko najdemo naš nov 'jaz', ki je drugačen od tistega, kar smo včasih bili. Veselja, ki ga daje Bog, ni moč primerjati z nobenim veseljem tega sveta, in nihče ga ne more odvzeti.

Odvisno od tega, kakšne odločitve sprejemamo v našem vsakdanu, bomo sledili poželenjem Svetega Duha ali poželenjem mesa. Če v vsakem trenutku sledimo poželenjem Svetega Duha, se Sveti Duh v nas razveseljuje in nas napaja z veseljem. 3 Janez 1:4 pravi: "Nimam večjega veselja, kakor je to, da slišim, kako moji otroci živijo v resnici." Kot rečeno, kadar sledimo resnici, se Bog veseli in nas razveseljuje v polnosti Svetega Duha.

Na primer, če prideta navzkriž poželenje po iskanju naših lastnih koristi in poželenje po iskanju koristi drugih ljudi, in če ta konflikt vztraja dlje časa, bomo izgubili veselje. Če naposled prevlada iskanje lastnih koristi, se bo morda zdelo, da si lahko prilastimo prav vse, vendar pa s tem ne bomo pridobili duhovnega veselja, ampak nas bo pekla vest. Po drugi strani pa, če iščemo koristi drugih, se bo morda zdelo, da smo v danem trenutku utrpelo izgubo, vendar pa bomo prejeli veselje od zgoraj, saj se bo nad nami razveseljeval Sveti Duh. Samo tisti, ki so dejansko doživeli tovrstno veselje, lahko razumejo, kako prijeten občutek je to. Gre namreč za srečo, kakršne ne more dajati niti razumeti noben posvetni človek.

Naj vam predstavim zgodbo o dveh bratih. Starejši brat nikoli ni pomil posode po obedovanju, zato je moral mlajši brat vselej pospraviti mizo. Nekega dne, ko se je starejši brat najedel in zapuščal kuhinjo, je mlajši brat dejal: "Odslej boš sam pomil posodo za seboj." "Kar ti umivaj," je brez oklevanja odvrnil starejši brat in zapustil kuhinjo. Mlajšemu bratu to seveda ni bilo všeč, a njegov brat je takrat že odšel.

Mlajši brat se zaveda, da njegov starejši brat nerad pomije krožnike za seboj, zato mu preostane le, da z veseljem služi svojemu bratu in za njim pomiva posodo. Morda boste pomislili, da bo mlajši brat moral vedno pomivati za starejšim, in da starejši ne bo nikoli posredoval in skušal ublažiti napetosti. Toda če ravnamo z dobroto, bo Bog priklical spremembe. Bog bo spreobrnil srce starejšega brata, da bo le-ta pomislil: 'Žal mi je, da je moral brat ves ta čas pomivati posodo. Odslej bom pomival za seboj in tudi za svojim mlajšim bratom.'

Kot nas uči ta primer, če sledimo poželenjem mesa samo zaradi bežne koristi, bomo vselej čutili nelagodje in tesnobo. Po drugi strani pa bomo vedno veseli, dokler bomo sledili Svetemu Duhu in služili drugim iz srca.

Enako načelo velja tudi pri vseh drugih zadevah. Nekoč ste morda sodili drugim na podlagi lastnih meril, a v kolikor spreobrnete svoje srce in sprejemate druge ljudi z dobroto, boste uživali mir. Kaj pa, kadar srečate nekoga s povsem drugačno osebnostjo, ali nekoga s povsem drugačnimi stališči od vaših? Se mu poizkušate izogniti ali ga toplo pozdravite z nasmehom? V očeh nevernikov je morda zanje lažje, da se izogibajo in preprosto ignorirajo tiste, ki jih ne marajo. Vsekakor je to lažje kot poskušati biti prijazen do njih.

Medtem pa bodo tisti, ki sledijo poželenjem Svetega Duha, z nasmehom in srcem služenja gledali na te ljudi. Ko dan za dnem umiramo z namenom, da bi dajali uteho drugim ljudem (1 Korinčanom 15:31), bomo uživali resnični mir in veselje od zgoraj. Povrh tega bomo uživali mir in veselje ves čas, v kolikor že v osnovi ne gojimo občutkov, da nam nekdo ni všeč oziroma se njegova osebnost ne ujema z našo.

Predpostavimo, da vas pokliče cerkveni vodja in vas prosi, da bi skupaj z njim obiskali cerkvenega člana, ki je zamudil nedeljsko bogoslužje. Ali pa drug primer, ko morate nekomu oznaniti evangelij v času dopusta, ki si ga tako redko privoščite. V enem kotičku vaših misli si gotovo želite odpočiti, medtem ko vas v drugem kotičku vaše misli spodbujajo, da bi opravili Božje delo. Po svobodni volji lahko izbirate, vendar pa spanje in počitek ne prinašata pravega veselja.

Polnost Svetega Duha in veselje lahko čutite le takrat, ko darujete vaš čas in vaše imetje služenju Bogu. Ko boste znova in znova sledili poželenjem Svetega Duha, ne boste le čedalje bolj polni duhovnega veselja, ampak bo tudi vaše srce vse bolj podobno srcu resnice. V tej isti meri boste tudi obrodili dozorel sad veselja, in vaš obraz bo kar žarel od duhovne svetlobe.

Tretjič - marljivo moramo sejati semena veselja in hvaležnosti

Da bi kmetovalec požel sadove žetve, mora najprej posaditi semena in zanje skrbeti. In podobno, da bi obrodili sad veselja, moramo vsi marljivo iskati okoliščine za hvaležnost in Bogu darovati zahvalne daritve. Če smo Božji otroci z vero, se imamo veliko stvari za veseliti.

Kot prvo imamo veselje odrešenja, ki ga ni moč nadomestiti z ničemer drugim. Poleg tega je dobri Bog naš Oče, ki skrbi in usliši molitve Svojih otrok, ki živijo v resnici. Kako srečni smo potemtakem? Če samo posvečujemo Gospodov dan in darujemo ustrezne cerkvene dajatve, nas čez vso leto ne bodo doletele nobene stiske in nesreče. Če ne grešimo, izpolnjujemo Božje zapovedi in zvesto garamo za Njegovo kraljestvo, bomo vselej deležni blagoslovov.

In četudi se znajdemo v kakšni stiski, hitro najdemo rešitve na vse vrste težav v šestinšestdesetih knjigah Svetega pisma. Če težava izvira iz našega napačnega ravnanja, se lahko pokesamo in obrnemo proč od takšnega početja, nakar bo Bog izkazal Svojo milost in nam pomagal rešiti težavo. Ko se ozremo nase, če nas naše srce ne obsoja, se lahko preprosto veselimo in smo hvaležni. Takrat bo Bog vse uredil v naše dobro in nas bogato blagoslovil.

Božje milosti ne smemo nikoli jemati za samoumevno, pač pa se moramo ves čas veseliti in se Mu zahvaljevati. Kadar iščemo okoliščine za hvaležnost in veselje, nam Bog pomaga najti še več takšnih okoliščin. Posledično se naša hvaležnost in veselje še krepita in naposled bomo obrodili sad veselja do popolnosti.

Žalovanje tudi po tem, ko smo obrodili sad veselja

Četudi smo obrodili sad veselja v našem srcu, nas včasih še vedno daje potrtost. Pri tem gre za duhovno žalovanje znotraj resnice.

Kot prvo je žalovanje iz kesanja. Če smo z grešenjem povzročili preizkušnje in skušnjave, se ne moremo kar veseliti in zahvaljevati, da bi rešili težavo. Ko se nekdo zna veseliti po grešenju, gre pri tem za posvetno veselje, ki nima ničesar opraviti z Bogom. V takšnem primeru se moramo pokesati s solzami in se obrniti proč od takšnega početja. Temeljito se moramo pokesati, pri sebi misleč: 'Kako sem lahko storil takšen greh, ko vendar verujem v Boga? Kako sem se lahko tako odrekel Božji milosti?' Takrat bo Bog sprejel naše kesanje in nas blagoslovil z veseljem kot dokaz, da je ovira greha odpravljena. Čutili bomo takšno lahkotnost in zadovoljstvo, kot bi leteli po nebu, in od zgoraj nas bosta preplavili povsem novi obliki veselja in hvaležnosti.

Vendar žalovanje iz kesanja je nekaj povsem drugega kot solze žalosti, ki jih točimo zaradi bolečine v stiski ali nesreči. Tudi če molite s solzami in celo z izcedkom iz nosu, je to zgolj meseno žalovanje, dokler jočete iz negodovanja glede vašega položaja. Prav tako, če poskušate zbežati pred težavo, ker se bojite kazni, in se ne obrnete proč od grehov, ne morete pridobiti resničnega veselja. Prav tako ne boste čutili, da vam je bilo odpuščeno. Če je vaše žalovanje iskreno žalovanje iz kesanja, morate odpraviti pripravljenost do grešenja in nato obroditi primeren sad kesanja. Šele takrat boste ponovno prejeli duhovno veselje od zgoraj.

Nato imamo žalovanje, ko ste osramotili Boga, oziroma žalujete za duše, ki stopajo po poti pogube. Takšno žalovanje je vedno pravo žalovanje znotraj resnice. Ko tako žalujete, boste goreče molili za kraljestvo Boga. Prosili boste za svetost in moč, da bi lahko rešili več duš in razširili Božje kraljestvo. Iz tega razloga je takšno žalovanje tudi všeč in je sprejemljivo v očeh Boga. Ob takšnem duhovnem žalovanju veselje v globini vašega srca ne bo izginilo. Nikoli ne boste pobiti ali brez volje, in ohranjali boste hvaležnost in srečo.

Pred nekaj leti mi je Bog razodel nebeško hišo osebe, ki z veliko mero žalovanja moli za Božje kraljestvo in za cerkev. Njena hiša je bila okrašena z zlatom in dragocenimi kamni, še posebej pa je bilo veliko velikanskih svetlečih biserov. Tako kot ostriga oblikuje biser z vso svojo energijo in vitalnostjo, tako je ta ženska žalovala v molitvi, da bi posnemala Gospoda. Goreče je molila za Božje kraljestvo in duše. Bog ji je bogato poplačal za vse njene jokave molitve. Zato se moramo tudi mi vedno veseliti z vero v Boga ter pri tem žalovati za Božje kraljestvo in duše.

Bodimo pozitivni in vedno sledimo dobroti

Ko je Bog ustvaril prvega človeka Adama, je zasadil veselje v njegovo srce. Vendar veselje, ki ga je takrat čutil Adam, se razlikuje od veselja, ki ga pridobimo ljudje skozi vzgojo človeštva na tej zemlji. Adam je bil živ duh oziroma živa duša, kar pomeni, da ni imel nobenih mesenih lastnosti in torej ničesar, kar bi nasprotovalo veselju. Potemtakem tudi ni poznal koncepta relativnosti, da bi lahko dojel pomen veselja. Samo kdor je trpel bolezni, lahko razume, kako dragoceno je zdravje. Samo kdor je trpel revščino, razume pravi pomen bogastva. Adam nikoli ni izkusil bolečine, zato ni bil sposoben dojeti, kako polno in srečno je bilo njegovo življenje. Četudi je užival večno življenje v izobilju edenskega vrta, se ni resnično razveseljeval v svojem srcu. In ko je jedel z drevesa spoznanja dobrega in hudega, se je v njegovo srce zasadilo meso in takrat je izgubil veselje, ki mu je bilo dano od Boga. Ko je kasneje prestajal številne bolečine tega sveta, je bilo njegovo srce polno žalosti, osamljenosti, negodovanja, obžalovanja in skrbi.

Vsi mi smo doživeli veliko bolečine na tej zemlji in zdaj si moramo povrniti duhovno veselje, ki ga je izgubil Adam. Da bi nam to uspelo, moramo odpraviti meso, ves čas slediti poželenjem Svetega Duha, ter sejati semena veselja in hvaležnosti pri vseh rečeh. Če bomo k temu dodali pozitiven odnos in sledili dobroti, bomo v popolnosti obrodili sad veselja.

Za razliko od Adama, ki je živel v edenskem vrtu, ljudje to veselje pridobimo šele potem, ko smo izkusili relativnost različnih okoliščin na tej zemlji. Veselje potemtakem izvira iz globine našega srca in se ne spreminja. Resnična sreča, ki jo bomo uživali v nebesih, je že bila vzgojena v nas na tej zemlji. Toda kako naj izkažemo veselje po koncu našega zemeljskega življenja in ob prihodu v nebeško kraljestvo?

Luka 17:21 pravi: "Tudi ne bodo govorili: 'Glejte, tukaj je' ali 'Tam je,' kajti glejte, Božje kraljestvo je med vami." Zato upam, da boste hitro obrodili sad veselja v vašem srcu, da bi lahko okusili nebesa že na tej zemlji in vodili srečno življenje.

Hebrejcem 12:14

"Prizadevajte si za mir z vsemi in za posvečenost. Brez nje nihče ne bo videl Gospoda."

Zoper te stvari ni postave

4. poglavje

Mir

Sad miru
Da bi obrodili sad miru
Lepe besede so pomembne
Modro upoštevajte stališča drugih
Resničen mir v srcu
Blagor tistim, ki delajo za mir

Mir

Sestavni delci soli niso vidni prostemu očesu, a ko se kristalizirajo, postanejo čudoviti kockasti kristali. Ko se majhna količina soli raztopi v vodi, spremeni celotno sestavo vode. Pri kuhanju je takšno začinjanje nepogrešljivo. Mikrodelci v soli so ključnega pomena za vzdrževanje življenja kot takšnega.

Tako kot se sol raztopi in doda okus k hrani ter prepreči gnitje, tako si Bog želi našega žrtvovanja, da bi s tem poučili in očistili druge ljudi ter obrodili čudovit sad miru. No, pa si poglejmo ta sad miru, ki je eden od sadov Svetega Duha.

Sad miru

Četudi gre za vernike v Boga, ljudje ne morejo ohranjati miru z drugimi, dokler ohranjajo svoj ego oziroma 'jaz'. Kadar so prepričani v pravilnost svojih idej, običajno ignorirajo mnenja drugih in se vedejo nespodobno. Tudi če je prišlo do dogovora po glasovanju večine v neki skupini, se še naprej pritožujejo nad odločitvijo. Prav tako iščejo pomanjkljivosti pri ljudeh, namesto njihovih dobrih točk. Obrekujejo druge in širijo laži ter tako odtujujejo ljudi med seboj.

V družbi takšnih ljudi lahko dobimo občutek, kot bi sedeli na trnovi postelji. Kjerkoli so prisotni lomilci miru, bo vselej prišlo do problemov, trpljenja in preizkušenj. Če je mir prelomljen v državi, družini, delovnem mestu, cerkvi ali znotraj kakšne skupine, bo prehod do blagoslovov blokiran in nastale bodo številne težave.

V filmu je heroj zelo pomemben, vendar so ostale vloge ravno tako pomembne, kot tudi delo podpornega osebja. Enako velja za vse organizacije. Čeprav se morda zdi trivialno, vendar ko vsi posamezniki dobro opravijo svoje delo, bo naloga v celoti izpolnjena, in takšnim ljudem bo v prihodnje lahko zaupana še večja odgovornost. Pri tem pa človek ne sme postati prevzeten samo zato, ker opravlja pomembno delo. Če bo tudi drugim pomagal pri njihovi poklicni rasti, bodo vsa dela opravljena uspešno in v miru.

Pismo Rimljanom 12:18 pravi: "Če je mogoče, kolikor je odvisno od vas, živite v miru z vsemi ljudmi." In pismo Hebrejcem 12:14 pravi: "Prizadevajte si za mir z vsemi in za posvečenost. Brez nje nihče ne bo videl Gospoda."

'Mir' tukaj pomeni, da znamo sprejemati mnenja drugih ljudi, tudi kadar so naš mnenja pravilna. S tem namreč dajemo uteho ljudem. Gre za veliko srce, s katerim se znamo sprijazniti z vsem, dokler ostajamo znotraj meja resnice. Hkrati si prizadevamo v korist drugih in nismo pristranski. Pravzaprav se vzdržimo pred izražanjem negodovanja nad nasprotujočimi mnenji in ne iščemo pomanjkljivosti ljudi, da ne bi prišlo do težav ali konfliktov.

Naloga Božjih otrok pa ni le ohranjati mir med soprogi in soprogami, starši in otroci ter brati in sosedi, pač pa morajo živeti v miru z vsemi ljudmi. Torej ne samo s tistimi, ki jih ljubijo, ampak tudi s tistimi, ki jih sovražijo in jim grenijo življenje. Še zlasti pa je pomembno ohranjati mir v cerkvi, saj vendar Bog ne more delovati, v kolikor je prelomljen mir, in to potem ponudi priložnost Satanu, da nas obtoži. Prav tako, četudi garamo in veliko dosežemo pri našem služenju Bogu, si ne zaslužimo slave, če smo pri tem prelomili mir.

V 26. poglavju Geneze je Izak ohranjal mir z vsemi ljudmi tudi v položaju, ko so ga drugi napadali. Da bi ubežal lakoti, je odšel živet med Filistejce. Tam je bil blagoslovljen od Boga s čredami drobnice in goveda in veliko služabniki. Zaradi tega so mu bili Filistejci nevoščljivi in so zasuli vse njegove vodnjake s prstjo. V tistem predelu ni bilo veliko dežja, še zlasti poleti, ko je vladala popolna suša. Vodnjaki so bili rešilna vrv. Toda Izak se ni razburil ali sprl z njimi. Preprosto je izkopal nov vodnjak. In vsakič, ko je po težkem garanju postavil nov vodnjak, so Filistejci zahtevali, da ga preda v njihovo last. Izak nikoli ni ugovarjal in jim je preprosto predal svoje vodnjake. Vsakič se je preselil na drug kraj in izkopal nov vodnjak.

Ta krog dogodkov se je ponovil velikokrat in Izak je ves čas obravnaval ljudi samo z dobroto, za kar ga je Bog bogato blagoslovil. Filistejci so kmalu dojeli, da Bog hodi z Izakom, zato so ga prenehali preganjati. Če bi se Izak sprl z njimi, ker se mu je dogajala krivica, bi postal njihov sovražnik in bi prelomil mir. Čeprav bi se lahko zagovarjal na pravičen in pošten način, to ne bi prineslo nič pozitivnega, saj so Filistejci iskali spor s hudobnimi nameni. Iz tega razloga jih je Izak preprosto obravnaval z dobroto in tako obrodil sad miru.

V kolikor obrodimo sad miru na tak način, bo Bog nadzoroval vse situacije in bomo pri vsem uspešni. In kako lahko obrodimo ta sad miru?

Da bi obrodili sad miru

Prvič - ohranjati moramo mir z Bogom.
Najpomembnejše pri ohranjanju miru z Bogom je to, da nimamo nobenega zidu greha. Adam se je moral skriti pred Bogom, ker je prekršil Božjo besedo in jedel prepovedani sadež (Geneza 3:8). V preteklosti je čutil veliko povezanost z Bogom, a zdaj je Božja prisotnost v njem vzbudila občutek strahu in odtujenosti. Zaradi greha je bil namreč prelomljen mir z Bogom.
Enako velja za nas. Ko ravnamo znotraj resnice, lahko živimo v miru z Bogom in imamo zaupanje v Boga. Da pa bi dosegli popoln mir, moramo najprej izkoreniniti vse grehe in hudobijo iz našega srca ter postati posvečeni. In četudi še nismo popolni, dokler marljivo izpolnjujemo resnico po meri naše vere, lahko imamo mir z Bogom. Sicer ne bomo imeli popolnega miru z Bogom od samega začetka, a vendar lahko imamo mir z Bogom, kadar se trudimo slediti miru z Njim po meri naše vere.

Tudi kadar si prizadevamo za mir z drugimi, moramo najprej poskrbeti za mir z Bogom. Čeprav moramo iskati mir s starši, otroci, partnerjem, prijatelji in sodelavci, nikoli ne smemo storiti ničesar v nasprotju z resnico. Nikoli namreč ne smemo prelomiti miru z Bogom, da bi dosegli mir z ljudmi.

Kaj, če se na primer priklonimo malikom ali prekršimo Gospodov dan, da bi dosegli mir z nevernimi družinskimi člani? Tisti trenutek bomo sicer uživali mir, toda v resnici smo grobo prelomili mir z Bogom, saj smo postavili zid greha pred Njim.

Nikakor torej ne smemo grešiti, da bi dosegli mir z ljudmi. Prav tako, če ne spoštujemo Gospodovega dne, da bi se lahko udeležili poroke prijatelja ali družinskega člana, smo s tem prelomili mir z Bogom, in posledično tudi ne bomo dosegli resničnega miru z ljudmi.

Za resničen mir z ljudmi moramo najprej biti všeč Bogu. Tedaj bo Bog pregnal sovražnika hudiča in Satana ter spremenil razmišljanje hudobnih ljudi, tako da bomo lahko imeli mir z vsemi. Pregovori 16:7 pravijo: "Če so človekove poti GOSPODU všeč, pomiri z njim tudi njegove sovražnike."

Seveda lahko neka oseba še vedno krši mir z nami tudi kadar se trudimo po najboljših močeh znotraj resnice. V takšnem primeru, če vztrajamo znotraj resnice vse do konca, bo Bog naposled ukrepal v dobro vsega. Tako je bilo v primeru Davida in kralja Savla. Savel je v svoji zavisti skušal umoriti Davida, vendar ga je David vse do konca obravnaval z dobroto. Davidu se je ponudilo veliko priložnosti za umor Savla, a je bil odločen slediti dobroti in miru z Bogom. Na koncu je Bog postavil Davida na prestol in mu tako poplačal njegova dobra dela.

Drugič - ohranjati moramo mir s samim seboj.

Da bi dosegli mir s samim seboj, moramo izkoreniniti vse oblike hudobije in postati posvečeni. Dokler nosimo hudobijo v srcu, bo ta namreč spodbujena v različnih okoliščinah, kar bo pogosto prelomilo mir. Ko nam gre dobro, si bomo morda domišljali, da imamo mir, a ko se stvari obrnejo na slabše, bo to spodbudili hudobijo v našem srcu in mir bo kmalu prelomljen.

Ko v našem srcu bruhata sovraštvo ali jeza, je to izredno neprijetno! Vseeno pa lahko dosežemo mir srca, ne glede na okoliščine, če le sledimo resnici.

Pa vendar nekateri ljudje nimajo resničnega miru v svojem srcu, četudi si prizadevajo izpolnjevati resnico, da bi dosegli mir z Bogom. Razlog se skriva v njihovi samopravičnosti in elementih njihove osebnosti.

Nekateri ljudje na primer nimajo notranjega miru, ker so preveč omejeni z Božjo besedo. Tako kot je Job, preden je šel čez preizkušnje, goreče molil in se trudil živeti po Božji besedi, vendar pa tega ni počel iz ljubezni do Boga. Ti ljudje živijo po Božji besedi iz strahu pred Božjo kaznijo. In če kdaj po naključju prekršijo resnico, postanejo izredno nervozni v strahu, da bi utrpeli negativne posledice.

Samo predstavljajte si, kako prizadeto mora biti v takšnem primeru njihovo srce, ko pa so vendar goreče izpolnjevali resnico! In tako se njihova duhovna rast ustavi oziroma izgubijo veselje. Nenazadnje pa trpijo zaradi svoje lastne samopravičnosti in okvirjev razmišljanja. Namesto da obsedeno izpolnjujejo postavo, bi morali v takšnem primeru najprej vzgojiti ljubezen do Boga. Človek namreč lahko uživa resničen mir le, kadar ljubi Boga z vsem srcem in se zaveda Božje ljubezni.

Naj vam opišem še en drug primer. Nekateri ljudje nimajo miru s samim seboj zaradi njihovega negativnega razmišljanja. Prizadevajo si izpolnjevati resnico, vendar obsojajo sami sebe in si vnašajo bolečino v svoja srca, kadar ne dosežejo želenega rezultata.

Žal jim je pred Bogom in izgubijo voljo, misleč, da niso ničesar vredni. Tako izgubijo mir, misleč: 'Kaj, če so ljudje okrog mene razočarani nad menoj? Kaj, če me vsi zapustijo?' Takšni ljudje morajo postati duhovni otroci. Razmišljanje otrok, ki verjamejo v ljubezen staršev, je izredno preprosto. Tudi kadar delajo napake, se ne skrivajo pred starši, ampak skočijo v naročje staršev in obljubljajo, da bodo v prihodnje bolj pridni. Ko se tako opravičijo z ljubečim in zaupljivim nasmeškom, to ponavadi prikliče nasmeh tudi na lica staršev, četudi so jih starši nameravali okregati.

Seveda pa to še ne pomeni, da lahko preprosto obljubite, da se boste izboljšali, in nato kar naprej ponavljate iste napake. Če se iskreno želite obrniti proč od grehov in se izboljšati, zakaj bi vam potem Bog obrnil Svoj hrbet? Kdor se iskreno pokesa, ne bo izgubil volje ali postal malodušen samo zaradi drugih ljudi. Seveda bo morda kaznovan in za nekaj časa ponižan v skladu s postavo, toda če je resnično prepričan v Božjo ljubezen, bo rade volje sprejel kazen od Boga in mu ne bo mar za mišljenja in pripombe drugih ljudi.

Po drugi strani pa Bogu ni všeč, kadar ljudje kar naprej dvomijo, češ da jim grehi niso bili odpuščeni. Če so se iskreno pokesali in spreobrnili, je Bogu všeč, kadar verjamejo, da jim je bilo odpuščeno. Četudi so si nakopali preizkušnje z napačnim ravnanjem, se bodo preizkušnje spremenile v blagoslove, če jih bodo sprejeli z veseljem in hvaležnostjo.

Zatorej moramo verjeti, da nas Bog ljubi, pa čeprav nismo popolni, in da nas bo Bog naredil popolne, če si bomo še naprej prizadevali po spreobrnjenju. Prav tako, če smo poniženi v preizkušnji, moramo zaupati Bogu, ki nas bo naposled znova povzdignil. Nikoli ne smemo biti nepotrpežljivi z željo, da bi nas drugi priznavali. Če bomo obdelovali srce resnice, bomo dosegli mir s samim seboj, kot tudi duhovno samozavest.

Tretjič - ohranjati moramo mir z vsemi.
Da bi dosegli mir z vsemi ljudmi, se moramo biti pripravljeni žrtvovati. Žrtvovati se moramo za druge in to celo do te mere, da damo lastno življenje. Pavel je rekel "dan za dnem umiram" in tako tudi mi ne smemo vztrajati pri svojem, svojih stališčih ali preferencah. Samo tako bomo lahko imeli mir z vsemi.

Da bi ohranjali mir, ne smemo biti nespodobni ali se postavljati in bahati pred drugimi. Ponižati se moramo iz srca in povzdigovati druge. Ne smemo biti pristranski, hkrati pa moramo znati sprejemati različne odločitve drugih ljudi, dokler so le-te v skladu z resnico. Nikoli ne smemo presojati na podlagi mere naše lastne vere, pač pa s stališča drugih ljudi. Četudi je naše mnenje pravilno oz. boljše, moramo še vedno znati sprejemati mnenja drugih ljudi.

Vsekakor pa to še ne pomeni, da moramo preprosto pustiti druge ljudi pri njihovem načinu življenja tudi kadar grešijo in stopajo po poti pogube. Prav tako ne smemo sklepati kompromisov z njimi ali se jim pridružiti pri sledenju neresnicam. Naša naloga je, da jim svetujemo oziroma jih posvarimo z ljubeznijo. Tako bomo bogato blagoslovljeni, če bomo iskali mir znotraj resnice.

Za dosego miru z vsemi tudi ne smemo vztrajati pri svoji samopravičnosti in okvirih razmišljanja. Okvirji razmišljanja so naša stališča na podlagi naše lastne osebnosti, občutka primernosti in okusa. Samopravičnost pa se tukaj navezuje na prizadevanje, da bi vsilili svoja osebna prepričanja, stališča in ideje, ki se nam zdijo superiorne. Samopravičnost in okviri razmišljanja se kažejo v različnih oblikah v našem življenju.

Predpostavimo, da neka oseba krši interna pravila podjetja in pri sebi to početje opravičuje, češ da so pravila napačna. Tak človek bo morda prepričan, da postopa pravilno, a njegov šef in sodelavci se seveda ne bodo strinjali. Treba je upoštevati, da resnica od nas zahteva upoštevati mnenja drugih ljudi, dokler ne gre za neresnice.

Vsak posameznik ima svojo osebnost, saj je vsak odraščal v drugačnem okolju. Vsak je bil deležen drugačnega izobraževanja in dosegel drugačno mero vere. Zato ima vsak svoja merila presojanja med dobrim in zlim oziroma kaj je prav in kaj narobe. Ena oseba bo neko stvar smatrala za pravilno, nekdo drug pa za napačno.

Poglejmo primer odnosa med ženo in možem. Mož vztraja pri tem, da je hiša vedno lepo urejena, vendar žena ne želi nenehno pospravljati in čistiti. Sprva mož to mirno prenaša z ljubeznijo in sam opravlja to nalogo čiščenja. Toda s časom postaja čedalje bolj zagrenjen in prepričan, da njegova žena ni bila primerno vzgojena. Sprašuje se, zakaj žena ne more početi nečesa tako enostavnega.

Nikakor ne razume, zakaj se njene navade niso spremenile po vseh teh letih, in to navkljub njegovim pogostim nasvetom.

Po drugi strani pa ima tudi žena svoje stališče. Razočarana je namreč nad možem, misleč: 'Ne obstajam samo za to, da bi čistila in opravljala gospodinjska dela. Kadar ne utegnem počistiti, bi moral mož prevzeti to nalogo. Čemu se toliko pritožuje? Nekoč je bil pripravljen storiti prav vse zame, danes pa se pritožuje nad tako trivialnimi rečmi. Pogosto kritizira celo mojo družinsko vzgojo!' Če bosta oba vztrajala pri svojih stališčih in željah, ne bosta živela v miru. Mir lahko dosežemo le, kadar upoštevamo stališča druge osebe in služimo drug drugemu, nikakor pa ne tako, da postavljamo v ospredje naše lastne poglede.

Jezus nam je sporočil, da kadar darujemo Bogu, če gojimo kakšno zamero proti kateremu od naših bratov, se moramo najprej pobotati z njim in šele nato darovati. (Matej 5:23-24) Bog bo naše daritve sprejel šele takrat, ko bomo sklenili mir s tem bratom.

Kdor ima mir z Bogom in samim seboj, ne bo prelomil miru z drugimi. Tak človek se ne bo prerekal z nikomer, saj je vendar izkoreninil pohlep, prevzetnost, nadutost ter samopravičnost in okvire razmišljanja. Tudi kadar so drugi hudobni in mu grenijo življenje, se bo pripravljen žrtvovati za dosego miru.

Prijazne besede so pomembne

Pri prizadevanju za mir je pomembno upoštevati določene stvari. Zelo pomembno je uporabljati izključno samo prijazne besede za ohranjanje miru. Pregovori 16:24 pravijo: "Prijazni izreki so satovje medu,sladki za dušo in zdravi za kosti." Prijazne besede vlivajo moč in pogum malodušnim ljudem. Takšne besede so lahko tudi učinkovito zdravilo za obuditev umirajočih duš. Prav nasprotno pa hudobne besede lomijo mir. Ko je prestol zasedel Roboám, sin kralja Salomona, ga je ljudstvo prosilo, da bi jim olajšal garanje, ki jim ga je naložil njegov oče. Kralj je odgovoril: "Moj oče vam je naložil težek jarem, jaz pa ga bom še obtežil. Moj oče vas je ustrahoval z biči, jaz pa vas bom s škorpijoni" (2 Kroniška 10:14). Te besede so povzročile razkol med kraljem in ljudstvom, kar je naposled privedlo do razpada države na dva dela.

Človekov jezik predstavlja izredno majhen del telesa, vendar ima neizmerno moč. Lahko ga primerjamo z majhnim plamenčkom, ki lahko postane velik ogenj in povzroči veliko škode, če uide izpod nadzora. Iz tega razloga Jakob 3:6 pravi: "Tudi jezik je ogenj; med deli našega telesa je jezik vesolje krivice, ki omadežuje vse telo in razvnema krog nastajanja, njega pa razvnema peklenska dolina." Pregovori 18:21 pa dodajajo: "Smrt in življenje sta v oblasti jezika, kdor ga rad uporablja, bo jedel njegov sad."

Še posebej se moramo vzdržati besed zamerljivosti ali pritoževanja zaradi razhajanja mnenj, saj le-te zbudijo zlonamerna čustva in posledično nas bo sovražnik hudič in Satan tega obtožil. Vseeno pa je velika razlika, kadar te zamere in pritožbe zadržimo zase in kadar jih pokažemo navzven z besedami in dejanji.

Nošenje stekleničke s črnilom v žepu je ena stvar, če pa to stekleničko odprete in začnete razlivati naokrog, je to nekaj povsem drugega, saj boste popackali sebe in ljudi okrog vas.

Enako velja pri opravljanju Božjega dela. Če se pri tem pritožujete, ker določene stvari ne gredo v vaš prid, se bodo nekateri drugi ljudje strinjali z vami in sprejeli enako stališče. In ko se to število ljudi poveča, to postana Satanova shodnica. Mir v cerkvi bo prelomljen in cerkev bo prenehala rasti. Zato moramo vedno videti, slišati in govoriti samo dobre stvari. Pravzaprav sploh ne smemo slišati besed, ki ne pripadajo resnici oz. dobroti.

Modro upoštevajte stališča drugih

Nadalje moramo upoštevati primere, ko do nekoga ne gojite nobenih zamer, a želi ta oseba prelomiti mir z vami. Tukaj se je treba vprašati, ali krivda resnično leži pri tej drugi osebi, kajti včasih se izkaže, ne da bi se zavedali, da ste dejansko vi sami razlog, da nekdo želi prekiniti mir.

Morda ste koga užalili v vaši brezobzirnosti oziroma z nespametnimi besedami ali vedenjem. Če boste v takšnem primeru še naprej prepričani, da ničesar ne zamerite tej osebi, nikakor ne boste dosegli mir s to osebo, kot tudi ne boste dosegli samospoznanja, ki bi vam pomagalo do izboljšanja. Zato morate znati preveriti, ali ste dejansko mirovnik tudi v očeh drugih ljudi.

Vodja na delovnem mestu je v svojih očeh lahko prepričan, da ohranja mir, medtem pa delavci morda težko shajajo. Svojih čustev ne morejo odkrito izraziti, zato lahko le prenašajo bolečino znotraj sebe.

Iz časa dinastije Chosun odmeva dogodek okrog ministrskega predsednika Hwanga Heeja. Nekoč je opazil nekega poljedelca obdelovati zemljo z dvema bikoma. Z močnim glasom je vprašal: "Kateri od bikov bolj trdo gara?" Poljedelec je nenadoma prijel ministra za roko in ga vodil proti oddaljenemu kraju. Nato mu je prišepnil na uho: "Črn bik je včasih nekoliko len, rumen bik pa je izredno priden." "Čemu ste me odvedli proč in mi šepetali v uho?" je z nasmeškom na obrazu vprašal Hwang Hee. Poljedelec je odgovoril: "Še živalim ni všeč, kadar jih kritiziramo." Govori se, da naj bi Hwang Hee skozi ta dogodek dojel svojo brezobzirnost.

Kaj bi bilo, če bi bika dejansko razumela besede poljedelca? Rumeni bik bi postal prevzeten, črn bik pa bi v svoji zavisti rumenemu povzročal težave, oziroma bi izgubil voljo in še manj zagnano pomagal pri delu.

Iz te zgodbe se lahko naučimo, da je potrebno biti obziren celo do živali, ter da moramo biti previdni pri besedah in dejanjih, da ne bi bili pristranski. Pristranskost namreč vedno rodi zavist in prevzetnost. Na primer, če pohvalite le eno osebo pred očmi množice, ali če pograjate le eno osebo, ste s tem postavili temelje za izbruh nesoglasij. Zato morate biti dovolj previdni in modri, da ne bi povzročili tovrstnih težav.

Prav tako nekateri ljudje trpijo zaradi pristranskosti in diskriminacije njihovih šefov, vendar ko kasneje sami prevzamejo vlogo šefa, ravno tako diskriminirajo določene posameznike in dajejo prednost drugim. Če ste sami izkusili tovrstno krivico, morate biti previdni pri svojih besedah in dejanjih, da ne bi prelomili miru.

Resničen mir v srcu

Pri iskanju miru morate upoštevati še eno stvar, in sicer dejstvo, da mora biti resničen mir dosežen znotraj srca. Celo tisti, ki nimajo miru z Bogom ali s samim seboj, lahko namreč do neke mere ohranjajo mir z drugimi ljudmi. Verniki pogosto poslušajo, kako ne smejo prelomiti miru in morajo nadzorovati svoja čustva, da ne bi prišlo do spora z drugimi, ki imajo nasprotujoča mnenja. Vendar če niste v očitnem konfliktu z nikomer, to še ne pomeni, da ste obrodili sad miru. Sadove Duha je namreč potrebno obroditi tako navzven kot tudi navznoter oziroma v srcu.

Na primer, če vam druga oseba ne služi ali vas ne priznava, boste to zamerili, a tega ne boste pokazali navzven. 'Samo nekaj več potrpljenja potrebujem,' boste pomislili in se trudili služiti tej osebi. Ampak kaj, če so to ponovi?

Tedaj boste morda nakopičili užaljenost. Te užaljenosti sicer še vedno ne boste izrazili navzven, ker bi to samo škodilo vašemu ponosu, vendar pa boste morda kritizirali to osebo. Na nek način boste tako razkrili, da se počutite preganjani. Včasih ne razumete drugih ljudi in vam to onemogoča doseči mir z njimi. Zato raje molčite v strahu, da ne bi prišlo do prepirov. S takšno osebo se preprosto prenehate pogovarjati, jo prezirate in si mislite: 'Tako zloben in preračunljiv je, da se sploh ni možno pogovarjati z njim.'

Na tak način ne prelomite miru navzven, a istočasno tudi niste naklonjeni tej osebi. Nikakor se ne strinjate z njegovimi stališči in morda celo čutite, da ne želite biti v njegovi bližini. Morda ga boste celo zmerjali pred drugimi ljudmi. Izrazili boste nelagodje, rekoč: "Resnično je zloben. Kako je lahko kdorkoli razumljiv do njega in njegovega vedenja! A ker sem dober človek, ga še naprej prenašam!" Seveda je bolje ohranjati mir na tak način, kot pa neposredno prelomiti mir.

Toda če želite doseči resničen mir, morate služiti drugim iz srca. Negativnih čustev ne smete potlačiti in pričakovati, da vam bodo ljudje služili. Vedno morate biti pripravljeni služiti drugim in iskati njihove koristi.

Ne smete se smehljati navzven, medtem ko nekoga obsojate v vaši notranjosti. Razumeti morate ljudi z njihovega stališča. Šele takrat bo Sveti Duh deloval. Tako bodo ljudje ganjeni tudi v primeru, ko so iskali izključno samo lastne koristi. Vsak človek ima svoje napake in pomanjkljivosti, zato lahko vsak prevzame krivdo. Tako lahko naposled vsi ljudje dosežemo resničen mir in delimo svoja srca z drugimi.

Blagor tistim, ki delajo za mir

Kdor ima mir z Bogom, s samim seboj in z vsemi ljudmi, ima tudi oblast za preganjanje teme. Tak človek lahko vzdržuje mir v okolici. Kot piše v Mateju 5:9: "Blagor tistim, ki delajo za mir, kajti imenovani bodo Božji sinovi." Ti ljudje imajo oblast Božjih otrok oziroma oblast luči.

Če ste na primer voditelj v cerkvi, lahko vernikom pomagate

obroditi sad miru. Z vašo oblastjo in močjo jih lahko hranite z Božjo besedo, da se bodo lahko obrnili proč od grehov in odpravili svojo samopravičnost in okvire razmišljanja. Ko pride do nastanka Satanovih shodnic, ki odtujujejo ljudi med seboj, lahko le-te uničite z močjo vaše besede. Na ta način boste razširili mir med ljudi.

Janez 12:24 pravi: "Resnično, resnično, povem vam: Če pšenično zrno ne pade v zemljo in ne umre, ostane sámo; če pa umre, obrodi obilo sadu." Jezus se je žrtvoval ter umrl kakor pšenično zrno in obrodil obilo sadu. Odpustil je grehe številnim umirajočim dušam in jim omogočil doseči mir z Bogom. Kot rezultat tega je Gospod Sam postal Kralj kraljev in Gospod gospodov ter požel veliko časti in slave.

Obilno žetev lahko požanjemo le, kadar se žrtvujemo. Bog Oče si za Svoje otroke želi, da se žrtvujemo in 'umremo kakor pšenično zrno', da bi kot Jezus obrodili obilo sadu. V Janezu 15:8 Jezus pravi: "V tem je poveličan Moj Oče, da obrodite obilo sadu in postanete Moji učenci." Kot piše moramo slediti poželenjem Svetega Duha, da bi obrodili sad miru in povedli številne duše na pot odrešenja.

Pismo Hebrejcem 12:14 pravi: "Prizadevajte si za mir z vsemi in za posvečenost. Brez nje nihče ne bo videl Gospoda." Tudi kadar imate popolnoma prav, v kolikor je drugim neprijetno zaradi vas in prihaja do konfliktov, to ni prav v očeh Boga, zato se morate ozreti nazaj nase. Samo na ta način boste lahko postali sveta oseba, brez vsake hudobije in ki lahko vidi Gospoda. Resnično upam, da boste pri tem uživali veliko duhovno oblast na tej zemlji in boste klicani kot Božji otroki, nazadnje pa zasedli časten položaj v nebesih, kjer boste ves čas srečevali Gospoda.

Jakob 1:4

"Za stanovitnost pa naj bo značilno popolno delo, da boste popolni in celoviti in vam ne bo ničesar manjkalo."

Zoper te stvari ni postave

5. poglavje

Potrpežljivost

Potrpežljivost ne zahteva potrpljenja
Sad potrpežljivosti
Potrpežljivost očetov vere
Potrpežljivost za odhod v nebeško kraljestvo

Potrpežljivost

Pogosto se zdi, da je sreča v življenju odvisna od naše potrpežljivosti. Med starši in otroki, možmi in ženami, brati in sestrami ter prijatelji, ljudje v svoji nepotrpežljivosti pogosto počnejo stvari, ki jih kasneje obžalujejo. Uspeh oz. neuspeh pri učenju, delu ali poslu je prav tako odvisen od naše potrpežljivosti. Potrpežljivost je izredno pomemben faktor v našem življenju. Duhovna potrpežljivost se bistveno razlikuje od potrpežljivosti, kot jo razumejo posvetni ljudje. Ljudje tega sveta so sicer potrpežljivi, vendar gre pri tem za meseno potrpežljivost. Kadar gojijo zamere oz. negativna čustva, močno trpijo in jih skušajo potlačiti. Pri tem škrtajo z zobmi ali celo zavračajo hrano. Sčasoma to privede do težav z živčnostjo oz. depresijo. Pa vendar se govori, da takšni ljudje, ki znajo potlačiti svoja čustva, izkazujejo veliko potrpežljivosti. Toda to nikakor ni duhovna potrpežljivost.

Potrpežljivost ne zahteva potrpljenja

Duhovna potrpežljivost ne pomeni potrpljenja s hudobijo, ampak samo z dobroto. Če ste potrpežljivi z dobroto, lahko premagujete vse težave s hvaležnostjo in upanjem. Hkrati bo to razširilo vaše srce. Prav nasprotno pa, če ste potrpežljivi s hudobijo, se bodo nakopičila vaša negativna čustva in vaše srce bo čedalje bolj ozko.

Predpostavimo, da vas nekdo preklinja in vam povzroča bolečino brez razloga. Morda bo to ranilo vaš ponos oz. se boste počutili preganjani, kljub temu pa lahko ta čustva potlačite s potrpežljivostjo v skladu z Božjo besedo. Toda vaš obraz bo zardel, vaše dihanje se bo pospešilo in stiskali boste ustnice, medtem ko boste skušali nadzorovati vaše misli in čustva. Ko na tak način zadušite čustva, lahko le-ta izbruhnejo kasneje, če se okoliščine ne izboljšajo. Tovrstna potrpežljivost seveda ni duhovna potrpežljivost.

Če gojite duhovno potrpežljivost, se vaše srce nikoli ne razburi. Tudi če vas po krivem obtožijo, boste preprosto mirili druge ljudi in razmišljali, da je prišlo do nekakšnega nesporazuma. S takšnim srcem vam ni potrebno ničesar 'prenašati' ali 'odpustiti' komurkoli. Naj vam pojasnim na preprostem primeru.

Nekega hladnega zimskega dne so pri neki hiši gorele luči vse do poznih ur. Dojenček v hiši je imel močno povišano telesno temperaturo, ki se je vzpenjala proti 40 °C. Oče je namočil svojo majico v hladno vodo in dvignil dojenčka. Ko je majico položil na dojenčka, je bil ta močno presenečen in mu ni bilo všeč. A četudi ga je za trenutek zmrazilo, je dojenček čutil uteho v očetovem naročju.

Ko se je majica ogrela zaradi dojenčkove vročine, jo je oče ponovno zmočil s hladno vodo. Oče je to ponavljal vse do zgodnjih jutranjih ur, vendar se pri tem ni prav nič utrudil. Z ljubečimi očmi je opazoval svojega otroka, ki je spal v njegovih varnih rokah.

Čeprav je prebedel vso noč, se ni pritoževal zaradi lakote ali utrujenosti, saj enostavno ni pomislil na svoje lastne potrebe. Vsa njegova pozornost je bila usmerjena na otroka in kako naj mu pomaga do boljšega počutja in udobja. In ko si je otrok dejansko opomogel, oče še pomislil ni na svoje trpljenje. Ko nekoga ljubimo, avtomatsko prestajamo stisko in bolečino in posledično ne potrebujemo nobene potrpežljivosti. To je bistvo duhovnega pomena 'potrpežljivosti'.

Sad potrpežljivosti

'Potrpežljivost' najdemo v 13. poglavju Prvega pisma Korinčanom oziroma v "poglavju o ljubezni", in sicer je to potrpežljivost za vzgojitev ljubezni. Med drugim je zapisano, da ljubezen ne išče svojega. Da bi se naučili odrekati lastnemu hotenju in iskati koristi drugih ljudi v skladu s to besedo, se morali soočiti s situacijami, ki zahtevajo našo potrpežljivost. Potrpežljivost v "poglavju o ljubezni" je potrpežljivost za vzgojitev ljubezni.

Medtem pa je potrpežljivost, ki je ena od sadov Svetega Duha, vsesplošna potrpežljivost in je kot takšna en nivo višja od potrpežljivosti duhovne ljubezni. Ko si prizadevamo doseči kak cilj, bodisi za Božje kraljestvo ali osebno posvečenost, bomo neizogibno naleteli na težave. Žalost in garanje bosta terjali vso našo energijo. Vseeno pa lahko potrpežljivo vztrajamo z vero in ljubeznijo, saj gojimo upanje po žetvi sadov. Tovrstna potrpežljivost je potrpežljivost kot eden od sadov Svetega Duha. In to potrpežljivost tvorijo tri komponente.

Prva komponenta je potrpežljivost za spremenitev našega srca.
Več ko imamo hudobije v srcu, težje je biti potrpežljiv. Če skrivamo sledi jeze, prevzetnosti, pohlepa in samopravičnosti, se bomo razburili že zaradi povsem trivialnih reči.

Nek cerkveni član je mesečno zaslužil 15.000 ameriških dolarjev, ko je nenadoma v enem mesecu zaslužil precej manjšo vsoto. Nejevoljno se je pritožil pred Bogom. Kasneje je priznal, da je v srcu nosil pohlep in zato ni bil hvaležen za vso bogastvo, ki ga je užival.

Zato moramo biti hvaležni za vse, kar nam je Bog namenil, čeprav ne zaslužimo veliko denarja. Na ta način se pohlep ne bo zarasel v naše srce in prejeli bomo obilo blagoslovov od Boga.

In ko odpravimo hudobijo in postanemo posvečeni, je čedalje lažje ostajati potrpežljiv. Takrat lahko potiho prenašamo celo tiste najtežje situacije. Prav tako razumemo in odpuščamo drugim ljudem, brez da bi morali karkoli potlačiti v sebi.

Luka 8:15 pravi: "Seme v dobri zemlji pa so tisti, ki z lepim in dobrim srcem besedo slišijo in jo ohranijo ter v stanovitnosti obrodijo sad." Kdor ima dobro srce, ki je kakor dobra zemlja, lahko ostaja potrpežljiv, vse dokler ne obrodi sadu.

Kljub vsemu pa še vedno potrebujemo stanovitnost in veliko truda, da bi spremenili naša srca v dobro zemljo. Svetosti ne moremo avtomatično doseči samo zato, ker si to želimo. Skozi postenje in gorečo molitev moramo postati poslušni resnici z vsem srcem. Odreči se moramo tistega, kar smo nekoč radi počeli, in kadar neka stvar ni duhovno koristna, jo moramo nemudoma odpraviti. Ko si prizadevamo nekaj doseči, se ne smemo vmes ustaviti ali obupati, potem ko smo nekajkrat neuspešno poskusili. Dokler v celoti ne obrodimo sadu posvečenosti in ne dosežemo našega cilja, se moramo truditi po najboljših močeh s samodisciplino in ravnanjem po Božji besedi.

Končna postojanka naše vere je nebeško kraljestvo, še zlasti pa tamkajšnji najlepši kraj, Novi Jeruzalem. Vztrajati moramo z vso skrbnostjo in potrpežljivostjo, dokler ne dosežemo te naše postojanke.

Vendar včasih vidimo primere, ko ljudje doživijo upočasnitev v procesu posvečevanja njihovega srca, čeprav vodijo marljivo krščansko življenje. Sicer sproti in hitro odpravijo vsa 'dela mesa', saj gre za grehe, ki so opazni navzven. Medtem pa 'mesene stvari' niso opazne navzven, zato jih ne uspejo nemudoma odpraviti oziroma se ta proces upočasni. Ko zaznajo neresnico znotraj sebe, goreče molijo, da bi jo odpravili, a že čez nekaj dni preprosto pozabijo nanjo. Če želite v celoti izkoreniniti plevel, ne smete zgolj odtrgati listja, ampak morate odstraniti korenine. Enak princip velja za grešne narave. Moliti morate in v celoti spremeniti vaše srce, dokler ne odstranite korenin določene grešne narave oz. lastnosti.

Kot nov vernik sem molil, da bi odpravil določene grehe, saj sem skozi branje Svetega pisma spoznal, da Bog močno sovraži grešne lastnosti, kot so sovraštvo, vzkipljivost in prevzetnost. Dokler sem se odločno oprijemal lastnih egocentričnih pogledov, nikakor nisem mogel izkoreniniti sovraštva in negativnih čustev iz svojega srca. Toda Bog me je skozi molitev blagoslovil z milostjo, da sem lahko razumel druge ljudi z njihovega stališča. Takrat so se vse moje zamere do njih razblinile in moje sovraštvo je izginilo.

Izkoreninil sem sovraštvo in se naučil biti potrpežljiv. Kadar sem bil po krivem česa obtožen, sem preprosto štel v svoji glavi 'ena, dve, tri, štiri ...' in tako zadušil besede, ki sem jih želel izgovoriti. Sprva je bilo težko brzdati vzkipljivost, vendar postopoma sta moja jeza in razdražljivost kmalu izginili. Na koncu sem znal ostati hladen celo v tistih izredno burnih situacijah.

Če se prav spominjam, sem potreboval tri leta, da sem odpravil prevzetnost. Ko sem bil še novinec v veri, sploh nisem poznal bistva prevzetnosti, a sem vseeno molil, da bi jo odpravil. Med molitvijo sem ves čas preverjal svoje srce. Kot rezultat tega sem se naučil spoštovati in častiti celo ljudi, ki so bili v mnogih pogledih slabši od mene. Kasneje sem s tem istim odnosom služil kolegom pastorjem, pa naj so bili na vodilnih položajih ali pa šele na novo posvečeni. Po treh letih potrpežljive molitve sem naposled dojel, da v sebi nimam nobenih lastnosti prevzetnosti, in od tistega trenutka naprej mi več ni bilo treba moliti glede prevzetnosti.

Če ne izvlečete korenin grešne narave, bo ta zagotovo izbruhnila v skrajnih okoliščinah. Razočarano boste dojeli, da še naprej skrivate značilnosti neresničnega srca, za katere ste bili prepričani, da ste jih odpravili. Malodušno boste pomislili: 'Tako močno sem se trudil odpraviti to lastnost, a še naprej ostaja v meni.'

Dokler ne izvlečete izvorne korenine grešne narave, boste morda v sebi našli določene oblike neresnic, vendar pa to še ne pomeni, da niste duhovno napredovali. Pri lupljenju čebule lahko znova in znova vidite enake plasti čebule, a če nadaljujete z lupljenjem, bo čebula naposled izginila. Enako velja za grešne narave. Nikakor ne smete postati malodušni samo zato, ker neke lastnosti še niste v celoti odpravili. Biti morate potrpežljivi vse do konca in se še močneje truditi, medtem ko se veselite prihodnosti, ko se boste spreobrnili.

Nekateri ljudje postanejo malodušni, če ne prejmejo materialnih blagoslovov nemudoma zatem, ko so upoštevali Božjo besedo. Prepričani postanejo, da trpijo izgubo in ničesar ne prejmejo v zameno za izkazano dobroto. Nekateri se celo pritožujejo, da zvesto obiskujejo cerkev, a ne prejmejo blagoslovov.

Toda v resnici seveda ni nobenih razlogov za pritoževanje. Ti ljudje ne prejmejo blagoslovov preprosto zato, ker še naprej sledijo neresnicam in niso izkoreninili stvari, za katere nam Bog veleva, da jih moramo odpraviti.

Že samo dejstvo, da se pritožujejo, jasno priča o tem, da je njihova vera zgrešeno osredotočena. Če ravnate z dobroto in resnico v veri, se nikoli ne utrudite. Bolj ko ravnate z dobroto, bolj boste srečni in hrepeneli po vsem, kar je dobrega. Ko na tak način postanete posvečeni z vero, bo šlo vaši duši dobro, kot tudi v vašem življenju in pri zdravju.

Druga oblika potrpežljivosti je tista med ljudmi.

V interakciji z ljudmi, ki imajo drugačne osebnosti in izobrazbo, lahko hitro pride do trenj. To še posebej velja za cerkev, kjer se zbirajo ljudje z različnimi ozadji. Posledično se mnenja močno razlikujejo, vse od trivialnih do resnih zadev, in rezultat je lahko prelomitev miru.

Takrat ljudje pomislijo: "Njegov način razmišljanja je čisto nasprotje mojemu načinu razmišljanja. Težko sodelujem z njim, saj imava izjemno različni osebnosti." Vendar tudi če pogledamo moža in ženo, koliko parov ima dejansko popolnoma uskladljive osebnosti? Njune življenjske navade in preference se praviloma razlikujejo, a vendar se podrejata drug drugemu za medsebojno korist.

Kdor hrepeni po posvečenosti, bo potrpežljiv v vseh situacijah z vsemi ljudmi in bo ohranjal mir. Celo v najtežjih in neprijetnih situacijah bo ustrežljiv do drugih ljudi. Takšni ljudje vedno razumejo druge z dobrim srcem in vse prenašajo, da bi koristili drugim. Tudi kadar so ljudje hudobni do njih, jih preprosto v miru prenašajo in to njihovo hudobijo poplačajo z dobroto, nikoli s hudobijo.

Potrpežljivi moramo biti tudi pri evangeliziranju in vodenju duš, in kadar izobražujemo cerkvene delavce, da bi lahko le-ti razširili Božje kraljestvo. Pri pastoralnem duhovništvu pogosto vidim ljudi, ki se korak po korak oddaljujejo od Boga. Ko spoprijateljijo svet in osramotijo Boga, veliko jočem in žalujem za njimi, vendar nikoli ne obupam nad njimi. Potrpežljiv ostajam z njimi in upam, da bi se nekoč spreobrnili.

Pri vzgoji cerkvenih delavcev moram biti dolgo časa potrpežljiv. Ne morem namreč kar ukazovati vsem podrejenim ali jih prisiliti, da bi se uklonili mojim željam. Čeprav se zavedam, da bodo naloge opravljene nekoliko počasneje, cerkvenim delavcem ne morem odvzeti njihovih dolžnosti, rekoč: "Nisi dovolj sposoben. Odpuščen si!" Zato sem preprosto potrpežljiv z njimi in jih usmerjam, dokler ne postanejo bolj uspešni. Nanje čakam pet, deset, petnajst let, dokler skozi duhovno urjenje ne dosežejo točke, ko lahko izpolnjujejo svoje dolžnosti.

Ne le, ko ne obrodijo sadu, ampak tudi ko storijo napačno stvar, vselej ostajam potrpežljiv z njimi, da ne bi zašli v skušnjavo. Verjetno bi bilo lažje, če bi namesto njih nalogo opravil nekdo, ki ima potrebno znanje, ali če bi osebo preprosto zamenjali za nekoga bolj sposobnega. Vendar jaz vseeno ostajam potrpežljiv z njimi vse do konca, saj gre za duše in širitev Božjega kraljestva.

Če na tak način zasadite seme potrpežljivosti, boste zagotovo obrodili sad v skladu z Božjo pravičnostjo. Na primer, če ste potrpežljivi z določenimi dušami, vse dokler se ne spremenijo, zanje molite s solzami v očeh, boste vzgojili dovolj široko srce za vse njih. Tako boste pridobili oblast in moč za obuditev številnih duš. Pridobili boste moč in skozi molitev pravičnega dosegli spreobrnjenje duš, ki jih nosite v vašem srcu. Prav tako, če nadzirate svoje srce in zasadite seme vzdržljivosti celo vpričo lažnih obtožb, vam bo Bog omogočil požeti sadove blagoslova.

Tretja oblika je potrpežljivost v našem odnosu z Bogom.

Gre za potrpežljivost, ki jo morate vzdrževati, dokler ne prejmete odgovora na vašo molitev. Marko 11:24 pravi: "Zato vam pravim: Za vse, kar molite in prosite, verjemite, da ste že prejeli, in se vam bo zgodilo." Če imamo vero, lahko verjamemo vse besede, ki so zapisane v šestinšestdesetih knjigah Svetega pisma. Med njimi najdemo obljube Boga, da bomo prejeli vse, za kar bomo molili, in potemtakem lahko skozi vero dosežemo prav vse.

Seveda pa to še ne pomeni, da lahko zgolj molimo in ne počnemo nič drugega. Da bi bile naše molitve uslišane, moramo izpolnjevati Božjo besedo. Študent, čigar ocene se gibljejo nekje v zlati sredini, bo na primer molil, da bi postal najboljši v razredu. Vendar kaj, če sanjari med poukom in se doma ne uči. Ali bo potem lahko postal najboljši učenec v razredu? Zavzeto se bo moral učiti in hkrati goreče moliti. Šele takrat mu bo Bog pomagal postati najboljši učenec v razredu.

Enako velja za vodenje poslov. Po eni strani goreče molite za uspeh vašega podjetja, a hkrati je vaš cilj imeti še drugo hišo, investirati v nepremičnine in kupiti luksuzni avtomobil. Ali boste potem lahko prejeli odgovor na vašo molitev? Bog si seveda za svoje otroke želi, da bi ti živeli v razkošju, vseeno pa Bog ne more biti zadovoljen z molitvami, ki prosijo za pohlepne reči. V kolikor pa želite prejeti blagoslove, da bi lahko pomagali pomoči potrebnim in podprli misijonarska dela, in če hodite po pravični poti in ne počnete nič nezakonitega, takrat vas bo Bog zagotovo obilno blagoslovil.

V Svetem pismu je veliko obljub, da bo Bog uslišal molitve Njegovih otrok. Vendar pogosto ljudje ne prejmejo odgovorov zaradi pomanjkanja potrpežljivosti. Ljudje prosijo za takojšen odgovor, toda Bog jim vedno ne odgovori nemudoma.

Bog jim odgovori v najbolj primernem in pravem trenutku, kajti Bog vse ve. Če v molitvi prosijo za nekaj velikega in pomembnega, jih bo Bog uslišal šele takrat, ko bodo zapolnili potrebno količino molitve. Ko je Daniel molil za razodetje duhovnih reči, je Bog poslal Svojega angela kot odgovor takoj, ko je Daniel začel moliti. Kljub temu pa je minilo enaindvajset dni, preden je Daniel končno srečal angela. Enaindvajset dni je Daniel molil z istim iskrenim srcem kot na prvi dan, ko je začel moliti. Če resnično verjamemo, da nam je določena stvar že bila predana oz. uresničena, nam ni težko počakati nanjo. Med čakanjem preprosto razmišljamo o veselju, ki ga bomo čutili, ko dejansko prejmemo rešitev na našo težavo.

Nekateri verniki niso sposobni počakati, da bi prejeli tisto, za kar so v molitvi prosili Boga. Molijo, se postijo in prosijo Boga, vendar če kmalu ni odgovora, hitro obupajo in postanejo prepričani, da jih Bog ne bo uslišal.

Toda če resnično verujemo in molimo, ne bomo nikoli malodušno obupali. Nikoli namreč ne vemo, kdaj bo prišel odgovor: jutri, nocoj, po naslednji molitvi, ali čez leto dni. Samo Bog pozna pravi trenutek, ko nam bo odgovoril.

Jakob 1:6-8 pravi: "Prosi pa naj v veri, ne da bi kaj dvomil; kdor dvomi, je namreč podoben morskemu valu, ki ga veter dviga in premetava. Tak človek naj ne misli, da bo kaj prejel od Gospoda: mož, ki je v duši razdvojen, nestanoviten na vseh svojih poteh."

Najpomembneje je, kako trdno verujemo med molitvijo. Če resnično verjamemo, da smo že prejeli odgovor, bomo srečni in zadovoljni v vsaki situaciji. Če imamo vero za prejetje odgovora, bomo molili in ravnali v veri, dokler v naše roke ne bo predan sad. Prav tako velja, da ko se soočamo s stiskami srca ali preganjanjem, medtem ko opravljamo Božje poslanstvo, lahko obrodimo sadove dobrote le skozi potrpežljivost.

Potrpežljivost očetov vere

Pri maratonskem teku boste zagotovo doživeli težke trenutke, vendar je zato veselje ob prihodu v cilj toliko večje in ga lahko razumejo le tisti, ki so to sami doživeli. Božji otroci, ki tečejo v tekmi vere, se prav tako občasno srečujejo s težavami, vendar jih lahko premagajo po zgledu Jezusa Kristusa. Bog jim namreč poklanja Svojo milost in moč, in v pomoč jim je tudi Sveti Duh.

Pismo Hebrejcem 12:1-2 pravi: "Ker nas torej obdaja tako velik oblak pričevalcev, tudi mi odstranimo vsakršno breme in greh, ki nas zlahka prevzame, ter vztrajno tecimo v tekmi, ki nas čaka. Uprimo oči v Jezusa, začetnika in dopolnitelja vere. On je zaradi veselja, ki Ga je čakalo, pretrpel križ, preziral sramoto in

sédel na desnico Božjega prestola."
Jezus je pretrpel veliko zaničevanja in preziranja od Njegovih ljudi, dokler končno ni izpolnil Božjega načrta odrešenja. Ker pa se je zavedal, da odhaja sedet na desnico Božjega prestola in da bo vso človeštvo prejelo odrešenje, je trpel vse do konca in ni razmišljal o Svojem fizičnem stanju. Konec koncev je umrl na križu kot spravna daritev za grehe človeštva, nakar je vstal od mrtvih na tretji dan in odprl pot odrešenja. Bog je postavil Jezusa kot Kralja kraljev in Gospoda gospodov, saj je skozi vero in ljubezen izkazal popolno pokorščino vse do smrti.

Jakob je bil Abrahamov nečak in je postal oče dežele Izraela. Imel je neomajno srce. Brata Ezava je osleparil za pravico prvorojenstva in zbežal v Haran. V Betelu je prejel Božjo obljubo. Geneza 28:13-15 pravi: "... Zemljo, na kateri ležiš, bom dal tebi in tvojim potomcem. Tvojih potomcev bo kakor prahu zemlje. Razširil se boš proti zahodu in vzhodu, proti severu in jugu, in v tebi in tvojem potomstvu bodo blagoslovljeni vsi rodovi zemlje. Glej, jaz bom s teboj in varoval te bom, kjer koli boš hodil, in pripeljal te bom nazaj v to deželo. Zares te ne bom zapustil, dokler ne storim, kar sem ti obljubil." Jakob je dvajset let trpel v svojih preizkušnjah in nazadnje postal oče vseh Izraelcev.

Jožef je bil enajsti sin Jakoba in bil med vsemi brati deležen največje očetove ljubezni. Nekega dne so ga bratje prodali za sužnja v Egipt, a Jožef ni malodušno obupal, temveč se je trudil pri svojem delu in si naposled s svojo zvestobo prislužil spoštovanje s strani gospodarja. Njegov položaj se je izboljšal in postal je oskrbnik gospodarjeve hiše, nakar so ga po krivem obtožili in vrgli v politični zapor. Preizkušnje so si sledile ena za drugo. Seveda pa so vsi Jožefovi koraki potekali v milosti Boga, da bi ga pripravil za položaj najpomembnejšega moža Egipta. A tega ni vedel nihče, razen Boga. Kljub temu pa Jožefa ni prevzelo malodušje niti v zaporu, saj je veroval in bil prepričan v obljubo, ki mu jo je dal Bog v otroštvu. Verjel je, da bo Bog uresničil njegove sanje, v katerih se mu priklanjajo sonce, mesec in enajst zvezd, zato ni omahoval v nobeni situaciji. V celoti je zaupal Bogu, prestajal preizkušnje in sledil Božji besedi. Njegova vera je bila iskrena oz. resnična vera.

Kaj, če bi se vi znašli v takšnem položaju? Si lahko predstavljate, kaj je moral čutiti 13 let, odkar je bil prodan za sužnja? Najbrž bi vsak od vas goreče molil pred Bogom, da bi se rešil iz tega položaja. Prav gotovo bi se ozrli vase in pokesali za vse, kar bi vam prišlo na misel, samo da bi prejeli odgovor od Boga. Prosili bi za Božjo milost z iskrenimi besedami in solzami v očeh. In če ne bi bilo odgovora leto dni, dve leti, ali celo deset let, medtem ko bi se vaše okoliščine samo še slabšale, kako bi se počutili?

Jožef je svoja najbolj vitalna leta preživel za zapahi in medtem ko so dnevi tekli brez vsakega smisla, bi se gotovo počutil zelo nesrečnega, če ne bi imel tako močne vere. Če bi razmišljal o srečnem življenju v očetovi hiši, bi ga to še dodatno potrlo. Tako pa je Jožef preprosto vedno zaupal Bogu, ki ga je spremljal, in trdno veroval v ljubezen Boga, ki daje vse najboljše v pravem trenutku. Niti v najbolj depresivnih preizkušnjah nikoli ni izgubil upanja, ampak je ravnal z zvestobo, dobroto in potrpežljivostjo, dokler se končno niso uresničile njegove sanje.

David je bil prav tako priznan od Boga kot človek z Božjim srcem. Pa vendar je moral celo po tem, ko je bil maziljen za kralja, prestati številne preizkušnje, vključno s preganjanjem s strani kralja Savla. Doživel je veliko bližnjih srečanj s smrtjo. A ker je z vero premagal vse te težavne trenutke, je naposled postal velik kralj, ki je uspešno vladal celotnemu Izraelu. Jakob 1:3-4 pravi: "...saj spoznavate, da preizkušenost vaše vere ustvarja stanovitnost. Za stanovitnost pa naj bo značilno popolno delo, da boste popolni in celoviti in vam ne bo ničesar manjkalo." Spodbujam vas, da tudi vi vzgojite to stanovitnost. Ta stanovitnost bo namreč obogatila vašo vero ter razširila in poglobila vaše srce, ki bo postalo bolj zrelo. Takrat boste prejeli blagoslove in odgovore od Boga, ki jih je obljubil vsakomur, ki doseže to stanovitnost oz. potrpežljivost (Hebrejcem 10:36).

Potrpežljivost za odhod v nebeško kraljestvo

Potrpežljivost je nepogrešljiva za odhod v nebeško kraljestvo. Nekateri pravijo, da bodo uživali v svetu, dokler so še mladi, in začeli obiskovati cerkev šele na stara leta. Spet drugi ljudje vodijo marljiva življenja vere in upanja po prihodu Gospoda, vendar naposled izgubijo potrpežljivost in spremenijo tok svojega življenja. Ker se Gospod ni vrnil po njihovem pričakovanju, jim postane pretežko nadaljevati življenje v veri. Odločijo se narediti odmor pri obrezovanju njihovega srca in opravljanju Božjega dela, in ko bodo enkrat opazili jasna znamenja o prihodu Gospoda, takrat se bodo ponovno potrudili.

Toda v resnici nihče ne ve, kdaj bo Bog poklical našega duha, ali kdaj se bo vrnil Gospod. In četudi bi lahko vedeli točen čas, še vedno ne moremo kar na našo željo vzgojiti dovolj vere. Ljudje ne moremo na željo prejeti dovolj duhovne vere za odrešenje. Ta se namreč daje samo po milosti Boga. Sovražnik hudič in Satan prav tako ne bo preprosto dovolil, da bi ljudje zlahka dosegli odrešenje. Vsekakor pa velja, da če gojite upanje za odhod v Novi Jeruzalem v nebesih, potem lahko počnete prav vse s potrpežljivostjo.

Psalm1 126:5-6 pravijo: "Tisti, ki sejejo s solzami, žanjejo z vriskanjem. Odhaja, odhaja z jokom, ko nosi seme za setev; prihaja, prihaja z vriskanjem, ko nosi svoje snope." Ko posadimo semena in skrbimo zanje, potrebujemo veliko truda, solza in žalovanja. Včasih ne bo prepotrebnega dežja, ali pa bodo udarili orkani oziroma prekomerne količine dežja, kar bo poškodovalo naše pridelke. Toda na koncu bomo zagotovo čutili veselje ob obilni žetvi v skladu s postavo pravice.

Bog čaka na nas, kakor bi tisoč let pomenilo en dan, da bi pridobil prave otroke, in pretrpel je veliko bolečino, ko je žrtvoval Svojega edinega Sina za nas. Tudi Gospod je veliko pretrpel na križu in Sveti Duh ostaja potrpežljiv z neizrekljivimi vzdihi v času vzgoje človeštva. Zato iskreno upam, da boste vzgojili popolno duhovno potrpežljivost z mislimi na to Božjo ljubezen, ter uživali sadove blagoslova na tej zemlji kot tudi v nebesih.

Luka 6:36

"Bodite usmiljeni, kakor je usmiljen tudi vaš Oče!"

Zoper te stvari ni postave

6. poglavje

Blagost

Razumevanje in odpuščanje ljudem s sadom blagosti
Potreba po srcu in delih, kakršna je opravljal Gospod
Za vzgojitev blagosti je potrebno odpraviti predsodke
Usmiljenje do ljudi v stiski
Ne kažite s prstom na pomanjkljivosti drugih ljudi
Bodite velikodušni do vsakogar
Spoštujte druge ljudi

Blagost

Ljudje se včasih potožijo, da nekoga nikakor ne morejo razumeti, četudi so se na vso moč potrudili, oziroma da nekomu navkljub velikemu prizadevanju ne morejo odpustiti. Vendar če smo obrodili sad blagosti v našem srcu, potem ne obstaja nič, česar ne bi mogli razumeti, in nihče, ki mu ne bi mogli odpustiti. Takrat bomo razumeli vsakega človeka z dobroto in sprejemali vse ljudi z ljubeznijo. Nikoli ne bomo rekli, da nam je nekdo všeč iz določenega razloga, medtem ko nam nekdo drug ni všeč iz spet drugega razloga. Nikogar ne bomo prezirali ali sovražili. Z nikomer ne bomo v slabem odnosu ali gojili zamere do kogarkoli, kaj šele, da bi imeli sovražnike.

Razumevanje in odpuščanje ljudem s sadom blagosti

Blagost je lastnost oziroma duševno stanje, ko izkazujemo prijaznost. Vendar duhovni pomen blagosti je bolj soroden z usmiljenjem. In duhovni pomen usmiljenja je "razumeti znotraj resnice celo tiste, ki jih človek sicer ni zmožen razumeti." Prav tako je srce tisto, ki lahko odpušča znotraj resnice celo tistim, ki jim človek ne more odpustiti. Bog izkazuje sočutje do ljudi s srcem usmiljenja.

Psalmi 130:3 pravijo: "Če boš pozoren na krivde, o GOSPOD, Gospod, kdo bo mogel obstati?" Kot piše, če Bog ne bi imel usmiljenja in bi nam sodil v skladu s pravičnostjo, nihče ne bi mogel stati pred Bogom. Ampak Bog je odpustil in sprejel celo tiste, ki jim ne bi moglo biti odpuščeno, če bi se ravnali strogo po postavi pravice. Povrh tega je Bog žrtvoval Svojega edinega Sina, da bi rešil te ljudi pred večno smrtjo. Odkar smo postali Božji otroci in verujemo v Gospoda, si Bog za nas želi, da bi vzgojili tovrstno srce usmiljenja. V Luku 6:36 zato Bog pravi: "Bodite usmiljeni, kakor je usmiljen tudi vaš Oče!"

To usmiljenje je nekoliko podobno ljubezni, a se hkrati močno razlikuje v drugih pogledih. Duhovna ljubezen pomeni, da se znamo žrtvovati za druge ljudi brez vsakega poplačila, medtem ko je usmiljenje bolj osredotočeno na odpuščanje in sprejemanje. In sicer, znati moramo sprejeti osebo kot takšno in je ne smemo sovražiti, četudi ni vredna naše ljubezni. Če se nekdo ne strinja z vami oziroma zavzema drugačna stališča, ga ne smete zaradi tega sovražiti oz. se ga izogibati, temveč mu raje ponudite oporo in uteho. Če imate prijazno srce in sprejemate vse ljudi, ne boste obešali njihovih krivd in napak na veliki zvon, pač pa jih boste branili in sprejemali, da se bo med vami razvil čudovit odnos.

Nek dogodek zelo živo razkriva to srce usmiljenja. Nekega dne je Jezus molil vso noč na Oljski gori in se zjutraj vrnil v tempelj. Okrog Njega se je zbrala množica in ko je oznanjal Božjo besedo, je nenadoma prišlo do nemirov. Skupina farizejev in pismoukov je privedla neko ženo pred Jezusa. Žena je kar drgetala v strahu.

Jezusu so dejali, da so jo ujeli pri prešuštvovanju in Ga vprašali, kako jo namerava kaznovati, kajti postava narekuje, da bi jo bilo treba kamnati na smrt. Če bi jim Jezus naročil kamnati to ženo, to ne bi bilo v skladu z Njegovim naukom, ki pravi: "Ljubite svoje sovražnike." Če pa bi jim naročil odpustiti tej ženi, bi to pomenilo kršitev postave. Tako se je Jezus znašel v navidezno težkem položaju. Toda Jezus je preprosto nekaj zapisal na tla s Svojim prstom, kot je zabeleženo v Janezu 8:7: "Kdor izmed vas je brez greha, naj prvi vrže kamen vanjo." Ljudi je zapekla vest in eden za drugim so začeli zapuščati prizorišče. Na koncu sta ostala le Jezus in obtožena žena.

V Janezu 8:11 Jezus reče ženi: "Tudi Jaz te ne obsojam. Pojdi in odslej ne gréši več!" Besede "tudi Jaz te ne obsojam" pomenijo, da ji je odpustil. Jezus je odpustil ženi, ki ji ni bilo moč odpustiti, in ji tako ponudil možnost za spreobrnjenje. Takšno je srce usmiljenja.

Potreba po srcu in delih, kakršna je opravljal Gospod

Usmiljenje je, kadar iskreno odpuščamo in ljubimo celo naše sovražnike. Tako kot mati skrbi za svojega novorojenca, tako lahko mi sprejemamo vsakogar. Tudi ko imajo ljudje velike značajske napake oziroma so storili velike grehe, bomo do njih usmiljeni in jih ne bomo obsojali. Sovražili bomo grehe, ne pa tudi grešnika. Razumeli bomo takšnega človeka in mu skušali pomagati.

Predpostavimo, da poznate nekega otroka, ki je zelo šibak in pogosto zboli. Kaj bo mati čutila do tega otroka? Prav gotovo se ne bo spraševala, zakaj se je takšen rodil in zakaj ji povzroča toliko preglavic. Vsekakor ga ne bo sovražila zaradi tega. Ravno nasprotno. Ljubila ga bo še bolj kot druge otroke, ki so zdravi.

Poznal sem neko mater, čigar otrok je bil duševno prizadet. Ko je dopolnil dvajset let, je bila njegova mentalna starost primerljiva s tisto od dvoletnega otroka, zato ga je morala mati ves čas imeti pod budnim očesom. Pa vendar ji nikoli ni bilo težko skrbeti za sina. Medtem ko je skrbela zanj, je do njega čutila veliko sočutje in naklonjenost. Če v celoti obrodimo tovrsten sad usmiljenja, bomo usmiljeni ne le do naših lastnih otrok, ampak do vsakogar.

Jezus je v času Svojega javnega delovanja oznanjeval evangelij nebeškega kraljestva. Njegovo glavno občinstvo pa niso bili bogataši in vplivneži, temveč revni, zapostavljeni in tisti, ki so jih ljudje smatrali za grešnike, denimo cestninarji ali pocestnice.

Enako je Jezus ravnal tudi pri izbiri Svojih učencev. Marsikdo bi pomislil, da bi bilo modro izbrati učence med tistimi, ki so bili dobro seznanjeni z Božjo postavo, saj bi jih bilo toliko lažje naučiti Božje besede. A Jezus ni izbral takšnih ljudi. Za Svoje učence je izbral cestninarja Mateja, ter Petra, Jakoba in Janeza, ki so bili ribiči.

Jezus je ozdravil veliko različnih bolezni. Nekega dne je ozdravil človeka, ki je bil bolan osemintrideset let in je čakal na vzburkanje vode v kopeli Betésda. Živel je v hudi bolečini brez slehernega upanja po življenju. Nihče se ni zmenil zanj. Toda Jezus je stopil do njega in ga vprašal: "Bi rad ozdravel?" Mož je takoj ozdravel.

Jezus je ozdravil tudi slepega Bartimája in ženo, ki je krvavela že dvanajst let (Matej 9:20-22; Marko 10:46-52). Na poti v mesto Nain je Jezus zagledal vdovo in njenega umrlega edinorojenega sina. Žena se mu je zasmilila in obudil je njenega mrtvega sina (Luka 7:11-15). Poleg vseh teh primerov je skrbel tudi za zatirane ljudi. Spoprijateljil je zapostavljene ljudi, kot so bili cestninarji in grešniki.

Jedel je skupaj z grešniki, zato so Ga nekateri kritizirali, rekoč: "Zakaj vaš učitelj jé s cestninarji in grešniki?" (Matej 9:11) Vendar ko je Jezus to slišal, je rekel: "Ne potrebujejo zdravnika zdravi, ampak bolni. Pojdite in se poučite, kaj pomenijo besede: Usmiljenja hočem in ne žrtve. Nisem namreč prišel klicat pravičnih, ampak grešnike" (Matej 9:12-13). Jezus nas je poučil o sočutnem srcu in usmiljenju do grešnikov in bolnih.

Jezus vsekakor ni prišel le po premožne in pravične ljudi, temveč predvsem po revne, bolne in grešnike. In če se zgledujemo po tem Jezusovem srcu in Njegovih dejanjih, bomo hitro obrodili sad usmiljenja. No, pa si poglejmo, kaj točno moramo storiti, da bi obrodili sad usmiljenja.

Za vzgojitev blagosti je potrebno odpraviti predsodke

Posvetni ljudje zelo pogosto sodijo drugim po njihovem videzu. Njihov odnos do ljudi se spreminja v odvisnosti od tega, ali osebo vidijo kot bogato in slavno ali pa kot preprosto osebo. Božji otroci ne smejo soditi drugim po njihovem videzu, kot tudi ne smejo spremeniti odnosa srca zgolj na podlagi videza. S srcem Gospoda moramo služiti in obravnavati za boljše od sebe celo tiste z vero otroka oziroma tiste, ki se zdijo manj vredni od nas.

Jakob 2:1-4 pravi: "Moji bratje, svoje vere v našega Gospoda Jezusa Kristusa, Gospoda veličastva, ne združujte s pristranskostjo. Če pride k vašemu shodu mož z zlatim prstanom in v bleščeči obleki, pride pa tudi revež v umazani obleki, in se

naklonjeno ozrete na tistega, ki nosi bleščečo obleko, ter rečete: 'Sédi semkaj na udoben sedež,' revežu pa rečete: 'Ti stopi tja,' ali: 'Sédi k mojim nogam' – mar niste delali razlike med seboj in postali sodniki s hudobnimi mislimi?" In 1 Peter 1:17 pravi: "Če kličete za Očeta tistega, ki vsakogar sodi nepristransko, le po njegovem dejanju, preživite v spoštljivem strahu čas svojega bivanja v tujini."
Če obrodimo sad usmiljenja, ne bomo sodili niti obsojali drugih po njihovem videzu. Pri sebi moramo tudi preveriti, ali imamo predsodke ali pristranskost v duhovnem smislu. Nekateri ljudje stežka dojemajo duhovne zadeve. Nekateri drugi so telesno prikrajšani, zato pogosto govorijo oziroma reagirajo na neprimeren način. Spet drugi ravnajo na način, ki ni v skladu z vedenjem Gospoda.

Ko opazite oziroma komunicirate s takšnimi ljudmi, ali ne postanete nekoliko potrti? Ali niste v preteklosti gledali zviška nanje in se jih skušali do neke mere izogibati? Ali ste druge spravili v zadrego z vašimi agresivnimi besedami oz. nesramnim odnosom?

Nekateri ljudje kritizirajo in obsojajo druge, kot bi bila to njihova naloga, da sodijo grešnikom. Ko so pred Jezusa pripeljali ženo, ki je zagrešila prešuštvo, so mnogi ljudje kazali s prsti nanjo, jo obsojali in preklinjali. A Jezus je ni obsodil, pač pa ji je ponudil priložnost za odrešenje. Če imate takšno srce usmiljenja, boste sočustvovali s tistimi, ki trpijo kazen za svoje grehe, in iskreno boste upali, da bi ti ljudje premagali svet.

Usmiljenje do ljudi v stiski

Če smo milostni, potem sočustvujemo in radi pomagamo tistim, ki se soočajo s težavami. Pri tem ne čutimo zgolj usmiljenja do njih v našem srcu in z besedami: "Ne obupaj in ostani močan!" Takrat dejansko radi pomagamo z iskrenimi dejanji.

1 Janez 3:17-18 pravi: "Kako more Božja ljubezen ostati v človeku, ki ima premoženje tega sveta in vidi, da je brat v pomanjkanju, pa zapira svoje srce pred njim? Otroci, ne ljubimo z besedo, tudi ne z jezikom, ampak v dejanju in resnici." In Jakob 2:15-16 pravi: "Če sta brat ali sestra gola in jima manjka vsakdanje hrane, pa jima kdo izmed vas reče: 'Pojdita v miru! Pogrejta se in najejta!' a jima ne daste, kar potrebujeta za telo, kaj to pomaga?"

Nikakor ne smete pomisliti: 'Kakšna škoda, da stradata, vendar ne morem pomagati, saj imam še zase komaj dovolj.' Če ste resnično milostni z iskrenim srcem, potem znate deliti ali se celo odreči lastnemu deležu. Ko je nekdo prepričan, da zaradi lastne situacije ne more pomagati drugim ljudem, skoraj zagotovo ne bo pomagal tudi v primeru, če postane premožen človek.

In tukaj ne govorimo le o materialnih rečeh. Ko nekdo trpi zaradi določene težave, mu morate pomagati in z njim deliti bolečino. To je usmiljenje. Še zlasti pa morate poskrbeti za tiste, ki korakajo proti peklu, ker ne verujejo v Gospoda. Na vso moč se morate potruditi, da bi jih preusmerili na pot odrešenja.

Od odprtja Centralne cerkve Manmin smo bili priča že številnim delom Božje moči. Pa vendar kljub temu prosim za večjo moč in posvečujem vso svoje življenje v ta namen. Dolgo sem namreč trpel revščino in dodobra izkusil bolečino, ko sem izgubil sleherno upanje zaradi bolezni. Ko vidim druge ljudi trpeti za temi težavami, čutim to njihovo bolečino kot lastno bolečino, zato jim želim pomagati po svojih najboljših močeh. Želim si rešiti njihove težave, jih osvoboditi pred kaznimi pekla in jih voditi v nebesa. Toda kako naj sam pomagam tolikšnemu številu ljudi? Odgovor na to vprašanje je Božja moč. Čeravno ne morem rešiti vseh težav okrog revščine, bolezni in drugih stisk vseh ljudi, jim lahko pomagam srečati in doživeti Boga. Zato si tudi prizadevam manifestirati mogočno Božjo moč, da bi čim več ljudi srečalo in doživelo Boga.

Seveda pa razodevanje Božje moči še ne pomeni dokončnega odrešenja za te ljudi. Četudi so pridobili vero, potem ko so doživeli Božjo moč, moramo skrbeti za njihov fizični in duhovni razvoj, dokler ne pridobijo trdne vere. Prav zato sem se trudil pomagati pomoči potrebnim tudi v obdobju, ko se je naša cerkev znašla v finančnih težavah. V mislih sem imel samo to, da bi ti ljudje lahko z več moči korakali proti nebesom. Pregovori 19:17 pravijo: "Kdor je usmiljen s siromakom, posoja GOSPODU, povrnil mu bo njegovo delo." Če skrbite za duše s srcem Gospoda, vam bo Bog zagotovo vse povrnil z Njegovimi blagoslovi.

Ne kažite s prstom na pomanjkljivosti drugih ljudi

Če nekoga ljubimo, mu moramo občasno svetovati ali ga okarati. Če starši nikoli ne okregajo svojih otrok in jim vse odpustijo iz ljubezni do njih, bodo otroci močno razvajeni.

Vendar če smo milostni, s težkim srcem kaznujemo, okaramo ali izpostavljamo pomanjkljivosti ljudi. Pri dajanju nasvetov moramo imeti molitveni pristop in poskrbeti za dobrobit osebe. Pregovori 12:18 pravijo: "Kdor govori lahkomiselno, prebada kakor meč, jezik modrih pa ozdravlja rane." Te besede morajo še posebej upoštevati pastorji in voditelji, ki poučujejo vernike.

Enostavno je namreč reči: "V sebi nosiš srce neresnice in to Bogu ni všeč. Imaš vse te pomanjkljivosti, zaradi katerih te ljudje ne marajo." Toda četudi imate prav, če boste tako izpostavili pomanjkljivosti z vzvišeno samopravičnostjo in brez ljubezni, to ne daje življenja nikomur. Ljudje se ne bodo spreobrnili po vašem nasvetu. Pravzaprav bodo užaljeni izgubili vso voljo in moč.

Včasih me cerkveni člani prosijo, naj izpostavim njihove pomanjkljivosti, da bi jih lažje odpravili. Trdno so namreč odločeni prepoznati svoje napake in se spreobrniti. Vendar, ko s previdnostjo karkoli izpostavim, me nemudoma prekinejo in začnejo pojasnjevati svoja stališča, zato jim pravzaprav ne morem svetovati. Dajanje nasvetov je že samo po sebi izjemno težka naloga. Za trenutek sicer ljudje še sprejmejo nasvet s hvaležnostjo, vendar če izgubijo polnost Svetega Duha, takrat je težko reči, kaj se bo premaknilo v njihovem srcu.

Včasih moram opozoriti na določene reči z namenom širitve Božjega kraljestva, oziroma da bi ljudem omogočil prejeti rešitev za njihove težave. Pri tem pozorno spremljam njihove obraze z upanjem, da ne bi postali užaljeni ali malodušni.

Seveda, ko je Jezus z ostrimi besedami okaral farizeje in pismouke, le-ti niso sprejeli Njegovega nasveta. Jezus jim je ponudil priložnost, da bi vsaj eden med njimi morda upošteval

Njegove besede in se pokesal. Poleg tega, ker so bili učitelji ljudstva, je Jezus želel, da bi ljudje dojeli resnico in jih ne bi preslepila njihova dvoličnost. Z izjemo takšnih posebnih primerov ne smete nikoli izgovarjati besede, ki bi lahko užalile druge ljudi ali razkrile njihove krivde, zaradi česar bi se lahko spotaknili. In če že morate dati nasvet, ker je to nujno potrebno, to storite z ljubeznijo in upoštevajte stališče drugih duš.

Bodite velikodušni do vsakogar

Večina ljudi do neke mere velikodušno deli svoje imetje s svojimi ljubljenimi. Celo skopi ljudje posodijo ali obdarijo druge, kadar so prepričani, da bodo dobili kaj v zameno. Luka 6:32 pravi: "Če ljubite tiste, ki ljubijo vas, kakšno priznanje vam gre? Saj tudi grešniki ljubijo tiste, ki njih ljubijo." Sad usmiljenja lahko obrodimo samo takrat, ko se razdajamo in ne želimo ničesar v zameno.

Jezus je od samega začetka vedel, da ga bo Juda izdal, a ga je kljub temu obravnaval enako kot ostale učence. Znova in znova mu je ponujal priložnosti za spokoritev. Celo ko je bil križan, je Jezus molil za tiste, ki so Ga križali. Luka 23:34 pravi: "Oče, odpústi jim, saj ne vedo, kaj delajo." To je usmiljenje, s katerim lahko odpustimo celo tistim, ki jim ne more biti odpuščeno.

V Apostolskih delih spoznamo, da je tudi Jožef gojil ta sad usmiljenja. Jožef ni bil apostol, vendar je bil poln milosti in moči Boga, zato so ga spremljala mogočna znamenja in čudeži. Tisti, katerim to dejstvo ni bilo všeč, so mu poskušali nasprotovati, a ko jim je odgovoril z modrostjo Boga v Svetem Duhu, temu niso mogli oporekati. Ljudje so menda videli njegov obraz, ki je bil kakor angelov (Apostolska dela 6:15).

Jude je mučila slaba vest, ko so poslušali Štefana pridigati, zato so ga naposled odvedli iz mesta in kamnali do smrti. Celo ko je umiral, je Štefan molil za tiste, ki so metali kamne vanj, rekoč: "Gospod, ne prištevaj jim tega greha!" (Apostolska dela 7:60). To nazorno kaže, da jim je odpustil. Ni jih sovražil, ampak je sočustvoval z njimi s sadom usmiljenja. Takšno je bilo njegovo srce in zato je tudi manifestiral tako mogočna dela.

In kako dobro ste vi vzgojili tovrstno srce? Ali še vedno koga prezirate oziroma s kom niste v dobrih odnosih? Pomembno je namreč, da znate sprejemati druge ljudi, četudi se njihov značaj in mnenja ne ujemajo z vašimi. Vedno morate najprej upoštevati stališča druge osebe. Samo tako boste lahko spremenili čustva do te osebe.

Če boste razmišljali: 'Zakaj, hudiča, to počne? Preprosto ga ne razumem,' boste gojili samo zamere in vam bo vsakič neprijetno, ko boste srečali to osebo. Če pa po drugi strani pomislite: 'Oh, seveda v svojem položaju tako ravna,' boste lahko premagali odpor do njega. Čutili boste usmiljenje in molili za človeka, ki ne zna drugače ravnati.

Ko na tak način spremenite vaše misli in čustva, takrat lahko izkoreninite sovraštvo in vsa druga hudobna čustva. S trmoglavostjo namreč ni možno sprejemati drugih, kot tudi ni možno izkoreniniti sovraštva ali zamer znotraj vas. Zato odpravite svojo samopravičnost ter spremenite vaše misli in čustva, da boste lahko sprejemali in služili vsem ljudem.

Izkazujte čast drugim ljudem

Da bi obrodili dar usmiljenja, moramo izkazovati čast drugim, ko je kaj dobro opravljeno, in prevzeti krivdo, ko gre kaj narobe. Ko nekdo drug prejme vso priznanje in ga močno hvalijo, čeprav ste tudi vi prispevali vaš trud, se kljub temu veselite z njim, kot bi šlo za vašo lastno srečo. Nikakor ne boste čutili nelagodja, češ da ste vi opravili levji delež in zdaj hvalijo to osebo, ki ima veliko značajskih pomanjkljivosti. Preprosto boste hvaležni, da je oseba pridobila na samozavesti in bo zaradi prejetih pohval v bodoče prispevala še več.

Če mati skupaj z otrokom opravi neko nalogo in je nagrajen le otrok, kako se bo počutila mati? Nobena mati se ne bo potožila, ker ni bila nagrajena, čeprav je pomagala svojemu otroku. Prav tako vsaka mati rada sliši pohvale na račun njenega videza, vseeno pa je še bolj vesela, ko ljudje občudujejo njeno hčerko.

Če gojimo sad usmiljenja, znamo postaviti interese drugih pred naše lastne interese in jim pripisujemo zasluge. In tudi veselili se bomo skupaj z njimi, kot bi bili sami deležni hvale. Usmiljenje je lastnost Boga Očeta, ki je poln sočutja in ljubezni. Pravzaprav ne gre samo za usmiljenje, pač pa vsi sadovi Svetega Duha tvorijo srce popolnega Boga. Ljubezen, veselje, mir, potrpežljivost in vsi ostali sadovi predstavljajo različne predele Božjega srca.

Da bi obrodili sadove Svetega Duha, moramo potemtakem strmeti po Božjem srcu in biti popolni, tako kot je popoln Bog. Bolj ko bodo v vas dozoreli duhovni sadovi, bolj ljubki boste postali kot oseba, in Bog ne bo mogel brzdati Svoje ljubezni do vas. Veselil se bo nad vami z besedami, da ste Njegovi sinovi in hčere, ki ste Mu močno podobni. Če postanete Božji otroci, ki so Bogu všeč, boste prejeli vse, kar boste prosili, in Bog bo izpolnil celo tiste želje, na katere boste samo pomislili v vašem srcu. Zato iskreno upam, da bi vsi vi v celoti obrodili sadove Svetega Duha in zadovoljili Boga v vseh pogledih, da boste deležni obilo blagoslovov ter uživali veliko čast v nebeškem kraljestvu kot otroci, ki so popolnoma podobni Bogu.

Filipljanom 2:5

"To mislite v sebi, kar je tudi v Kristusu Jezusu."

7. poglavje

Dobrota

Sad dobrote
Iskanje dobrote v skladu s poželenji Svetega Duha
Bodite dobri kakor usmiljeni Samarijan
Nikar se ne prepirajte ali bahajte
Nikar ne lomite nalomljenega trsta in ne ugašajte tlečega stenja
Moč za sledenje dobroti znotraj resnice

Dobrota

Nek večer je mladenič v ponošenih oblačilih obiskal starejši par, da bi najel sobo za bivanje. Zakonca sta se ga usmilila in mu ponudila sobo v najem. Toda mladenič nato ni poiskal dela, ampak je vse dneve popival. V takšnem primeru bi ga večina ljudi izgnala zaradi skrbi, da ne bo mogel plačati najemnine. Toda ostarela zakonca sta mu nudila hrano, ga vzpodbujala in mu predstavila evangelij. Mladenič je bil močno ganjen nad njunimi ljubečimi dejanji, saj sta ga obravnavala kot lastnega sina. Naposled je sprejel Jezusa Kristusa in postal prenovljen človek.

Sad dobrote

Dobrota pomeni, da znamo neomajno do konca ljubiti celo zapostavljene ali družbene izobčence. Sad dobrote ne zraste samo v srcu, temveč se razkriva v dejanjih, kot v opisanem primeru s starejšim parom.

Če obrodimo sad dobrote, bomo povsod oddajali vonj po Kristusu. Ljudje okrog nas bodo ganjeni vpričo naših dobrih dejanj in bodo slavili Boga.

"Dobrota" pomeni biti prijazen, nežen, uvideven in kreposten. Medtem pa v duhovnem smislu dobrota predstavlja srce, ki išče dobroto v Svetem Duhu oziroma dobroto znotraj resnice. Če v celoti obrodimo sad dobrote, bomo imeli Gospodovo srce, ki je čisto in neomadeževano.

Včasih do neke mere dobroti sledijo celo neverniki, ki niso prejeli Svetega Duha. Posvetni ljudje ločijo in presojajo med dobrim in zlim na podlagi lastne vesti. In kadar jih ne peče vest, si praviloma domišljajo, da so dobri in pravični ljudje. Toda človekova vest se razlikuje od osebe do osebe. Da bi razumeli dobroto kot sad Duha, moramo najprej razumeti človekovo vest.

Iskanje dobrote v skladu s poželenji Svetega Duha

Nekateri novi verniki bodo morda kritizirali pridige na osnovi lastnih stališč in vesti, rekoč: "Ta izjava se ne sklada z znanstveno teorijo." Vendar ko zrastejo v veri in spoznajo Božjo besedo, kmalu dojamejo, da njihova merila presojanja niso pravilna.

Vest je merilo za presojanje med dobrim in zlim, ki temelji na posameznikovi naravi, ta pa je odvisna od življenjske energije, s katero je bil posameznik rojen, in od okolja, v katerem je odraščal. Otroci, ki jim je dana dobra življenjska energija, imajo relativno dobro naravo. Prav tako ljudje, ki so odraščali v dobrem okolju, videli in slišali veliko dobrih dejanj, običajno razvijejo dobro in pravično vest. Po drugi strani pa, če nekdo od staršev podeduje hudobne značajske lastnosti in se v življenju redno srečuje s hudobijami, bosta njegova vest in narava zelo verjetno prevzeli to hudobijo.

Na primer otroci, ki jim je privzgojena iskrenost, imajo slabo vest, kadar lažejo. Medtem pa otroci, ki so odraščali med lažnivci, nimajo nobenih pomislekov pred laganjem in se jim to početje zdi povsem naravno. Pravzaprav to sploh ne smatrajo kot laganje. Pri razmišljanju, da z laganjem ni nič narobe, je njihova vest tako močno omadeževana s hudobijo, da jih sploh ne zapeče vest.

Poleg tega otroci sprejemajo stvari na različne načine, čeprav so vzgajani od istih staršev in v skupnem okolju. Nekateri preprosto ubogajo starše, medtem ko imajo drugi samosvojo osebnost in pogosto kljubujejo staršem. V takšnem primeru, četudi so vzgajani od istih staršev, otroci izoblikujejo različne vesti.

Vest se oblikuje v skladu z družbenimi in ekonomskimi vrednotami okolja, v katerem je človek odraščal. Vsaka družba ima drugačen sistem vrednot, in ti standardi izpred 100 let, 50 let in danes se močno razlikujejo. Nekoč so si denimo lastili sužnje, ki jih je bilo dovoljeno pretepati, da bi jih prisilili k delu. Prav tako je bilo še pred 30 leti družbeno nesprejemljivo, da bi ženske razkrile svoja telesa pri javnem nastopanju na televiziji. Kot rečeno se vest spreminja glede na posameznika, kraj in čas. Tisti, ki sledijo svoji vesti, zgolj sledijo tistemu, kar smatrajo za dobro. Pri tem pa nikakor ne moremo trditi, da ravnajo v absolutni dobroti.

Medtem pa imamo verniki v Boga enak standard za presojanje med dobrim in zlim. Ta standard je Božja beseda, ki ostaja enaka včeraj, danes in večno. Duhovna dobrota pomeni privzeti to resnico kot našo vest in ji slediti. Gre za pripravljenost slediti poželenjem Svetega Duha in iskati dobroto. Kljub temu pa poželenje po iskanju dobrote še ne pomeni, da smo obrodili sad dobrote. Ta sad obrodimo šele takrat, ko poželenje po iskanju dobrote demonstriramo in izpolnjujemo v naših dejanjih.

Matej 12:35 pravi: "Dober človek prinaša iz dobrega zaklada dobro." Pregovori 22:11 pa dodajajo: "Ljubitelj čistega srca in prijaznih ustnic ima za prijatelja kralja." Kakor piše v zgornjih vrsticah, kdor resnično išče dobroto, dela dobra dela, ki so razvidna navzven. Kamorkoli bo odšel in kogarkoli bo srečal, bo izkazoval radodarnost in ljubezen z dobrimi besedami in dejanji. Tako kot je prijetnega vonja oseba, ki se je nadišavila s parfumom, tako dobri ljudje oddajajo vonj po Kristusu.

Nekateri ljudje hrepenijo po dobrem srcu, zato sledijo

duhovnim osebam in želijo prijateljevati z njimi. Radi tudi poslušajo in spoznavajo resnico. Zlahka so ganjeni in pogosto točijo solze. Ampak dobrega srca ni možno vzgojiti zgolj na podlagi hrepenenja. Če so nekaj slišali in se naučili, morajo to obdelovati v svojem srcu in dejansko izpolnjevati. Na primer, če se radi družite samo z dobrimi ljudmi in se izogibate hudobnih, ali potem res hrepenite po dobroti? Določene stvari se lahko naučimo tudi od ljudi, ki niso prav posebej dobri. In tudi kadar se ne morete ničesar naučiti neposredno od njih, so vam lahko v nauk spoznanja iz njihovega življenja. Če poznate kakšnega vročekrvnega oz. vzkipljivega človeka, se lahko naučite, da vzkipljivost pogosto privede do sporov in nesoglasij. Skozi to spoznanje boste dojeli, zakaj ne smete sami biti tako vročekrvni. Če se družite samo z dobrimi ljudmi, ne boste razumeli relativnosti različnih stvari, ki jih vidite in slišite. Vedno namreč obstajajo stvari, ki se jih lahko naučimo od vseh vrst ljudi. Morda menite, da močno hrepenite po dobroti, ste dojeli in se naučili veliko stvari, vendar pa morate še vedno pri sebi preveriti, ali vam manjkajo dejanja dobrote.

Bodite dobri kakor usmiljeni Samarijan

No, pa si podrobneje oglejmo bistvo duhovne dobrote, ki pomeni iskanje dobrote v resnici in Svetem Duhu. Duhovna dobrota je pravzaprav izredno širok pojem. Božja narava je dobrota, in ta dobrota je razvidna skozi vso Sveto pismo. Še najlepše to aromo dobrote odražajo besede iz Pisma Filipljanom 2:1-4:

Če torej premore kaj opominjanje v Kristusu, če kaj spodbujanje iz ljubezni, če kaj občestvo Duha, če kaj sočustvovanje in usmiljenje, dopolníte moje veselje s tem, da ste istih misli in iste ljubezni, ene duše in enega mišljenja. Ne delajte ničesar iz prepirljivosti in ne iz praznega slavohlepja, ampak imejte v ponižnosti drug drugega za boljšega od sebe. Naj nobeden ne gleda samo nase, temveč tudi na druge.

Človek, ki je obrodil duhovno dobroto, išče dobroto v Gospodu, zato podpira tudi tista dela, s katerimi se načeloma ne strinja. Tak posameznik je skromen in v njem ni zaznati nobene prevzetnosti. Četudi drugi niso tako bogati ali inteligentni kot on, jih zna spoštovati iz srca in lahko postane njihov resnični prijatelj.

Četudi mu drugi občasno brez razloga grenijo življenje, jih preprosto sprejema z ljubeznijo. Služi jim in se ponižuje, da bi ohranil mir z vsemi. Zvesto izpolnjuje svoje dolžnosti in povrh tega pomaga drugim pri njihovih dolžnostih. 10. poglavje Lukovega evangelija opisuje priliko o usmiljenem Samarijanu.

Nek človek je šel iz Jeruzalema v Jeriho in je padel med razbojnike. Ti so ga slekli, pretepli, pustili napol mrtvega in odšli. Primerilo pa se je, da se je vračal po tisti poti domov neki duhovnik; videl ga je in šel po drugi strani mimo. Podobno je tudi levit, ki je prišel na tisti kraj in ga videl, šel po drugi strani mimo. Duhovniki in leviti dobro poznajo Božjo besedo in služijo Bogu. Bolje kot kdorkoli poznajo postavo in so ponosni, da tako zvesto služijo Bogu.

Toda ko bi v tem primeru morali upoštevati Božjo voljo, niso izkazali ustreznih dejanj. Seveda bi lahko dejali, da so imeli svoje razloge in niso mogli pomagati. Vendar če bi gojili dobroto, ne bi mogli preprosto ignorirati osebo, ki je obupno potrebovala njihovo pomoč.

Kasneje je mimo prišel tudi neki Samarijan in zagledal človeka, ki so ga oropali. Stopil je k njemu, zlil olja in vina na njegove rane in jih obvezal. Posadil ga je na svoje živinče, ga peljal v gostišče in poskrbel zanj. Naslednji dan je dal dva denarija gostilničarju in rekel: "Poskrbi zanj, in kar boš več porabil, ti bom nazaj grede povrnil."

Če bi bil Samarijan sebičen, ne bi imel nobenega razloga za takšno ravnanje. Tudi sam je imel ogromno dela in bi lahko izgubil veliko časa in denarja, ko se je vmešal v zadeve popolnega neznanca. Lahko bi mu zgolj nudil zdravniško pomoč, ni pa mu bilo treba prositi gostilničarja za pomoč in mu obljubiti, da mu povrne nastale stroške.

A ker je bil dober človek, ni mogel kar ignorirati umirajoče osebe. Čeprav je žrtvoval svoj čas in denar, in čeprav je imel ogromno dela, enostavno ni mogel prezreti človeka, ki je obupano potreboval njegovo pomoč. In ko sam več ni mogel pomagati, je za pomoč prosil drugo osebo. Če bi tudi sam ignoriral pretepenega človeka in šel mimo zaradi svojih osebnih razlogov, bi v prihodnosti nosil veliko breme v svojem srcu.

Nenehno bi se spraševal in obtoževal, misleč: 'Le kaj se je zgodilo s tistim človekom, ki je bil močno poškodovan. Moral bi ga rešiti, tudi na račun lastne škode. Kako sem mogel tako ravnati, ko me je vendar opazoval Bog?' Duhovna dobrota pomeni, da je za nas nevzdržno, če ne izberemo poti dobrote. Tudi kadar nas spremlja občutek, da nas nekdo poskuša pretentati, kljub temu vedno izberemo dobroto.

Nikar se ne prepirajte ali bahajte

Duhovno dobroto opisuje tudi Matej 12:19-20. 19. vrstica pravi: "Ne bo se prepiral in ne vpil, nihče ne bo na ulicah slišal Njegovega glasu." In 20. vrstica: "Nalomljenega trsta ne bo zlomil in tlečega stenja ne ugasil, dokler ne privede sodbe do zmage." Te besede govorijo o duhovni dobroti Jezusa. V času Svojega delovanja Jezus ni imel nobenih sporov in se ni prepiral z nikomer. Vse od otroštva je bil poslušen Božji besedi in v času Svojega javnega delovanja počel samo dobra dela, oznanjal evangelij nebeškega kraljestva in zdravil bolne. Pa vendar so Ga hudodelneži vztrajno preizkušali z namenom, da bi Ga ubili.

Jezus se je sicer vsakokrat zavedal njihovih hudobnih namer, vendar jih ni sovražil. Preprosto jim je omogočil dojeti resnično Božjo voljo. In kadar je niso dojeli, se ni prepiral z njimi, pač pa se jih je izogibal. Tudi ko so ga zasliševali pred križanjem, se Jezus ni prepiral ali kogarkoli obsojal.

Ko napredujemo s stopnje novinca v naši krščanski veri, do neke mere osvojimo Božjo besedo. Takrat ne povzdignemo glasu niti ne bruhamo jeze zgolj zaradi kakšnega nesoglasja z drugimi. In povzdig glasu seveda ni edina oblika prepira. Če nam je nelagodno zaradi nesoglasij, to prav tako šteje kot prepir, saj je namreč s tem prelomljen mir našega srca.

Vzrok za prepir v srcu vedno leži v posamezniku samem. Ne gre za to, da bi nam kdo grenil življenje ali ravnal na način, ki se nam ne zdi pravi. Razlog je ta, ker je naše srce preozko, da bi sprejemalo ljudi, in ker nas naši okviri razmišljanja vodijo v nenehna navzkrižja.

Kos mehkega bombaža ne bo povzročil hrupa ob trku z

drugim predmetom. Tudi kadar stresemo kozarec z jasno in čisto vodo, bo ta voda še naprej jasna in čista. Enako velja za človeško srce. Če je prelomljen duševni mir in se počutimo nelagodno v določeni situaciji, je to zato, ker je hudobija še naprej prisotna v našem srcu.

Jezus menda ni vpil. Zakaj potem drugi ljudje vpijejo na ves glas? Ker želijo biti opaženi in se postavljati. Vpijejo zato, ker želijo biti priznani in da bi jim drugi ljudje stregli.

Jezus je delal takšna mogočna dela, kot je obujanje mrtvih in zdravljenje slepih. Vendar je kljub temu ostajal skromen. Še ko so ga ljudje zasmehovali, medtem ko je visel na križu, je Jezus ostajal pokoren Božji volji vse do smrti, kajti ni imel nobenega namena, da bi se razodel (Filipljanom 2:5-8). Prav tako menda nihče na ulici ni slišal Njegovega glasu, kar priča o tem, da so bile Njegove manire popolne. Bil je popoln pri Svojem vedenju, načinu razmišljanja in izražanja. Njegova neizmerna dobrota, ponižanost in duhovna ljubezen, ki so gorele globoko v Njegovem srcu, so se jasno kazale navzven.

Če obrodimo sad duhovne dobrote, ne bomo imeli sporov ali težav z nikomer, tako kot jih ni imel Gospod. Nikoli tudi ne bomo izpostavljali napak ali pomanjkljivosti drugih ljudi. Ne bomo se postavljali ali povzdigovali nad druge ljudi. Ne bomo se pritoževali, niti kadar bomo trpeli po krivici.

Nikar ne lomite nalomljenega trsta in ne ugašajte tlečega stenja

Kadar gojimo drevesa ali rastline in opazimo poškodovano listje ali veje, le-te običajno odrežemo. Prav tako tleče stenje ne oddaja močne svetlobe, pač pa dim in hlape, zato ga ljudje preprosto pogasijo. Vendar kdor goji duhovno dobroto, ne bo 'zlomil nalomljenega trsta ali ugasnil tlečega stenja'. Če obstaja že najmanjša možnost za okrevanje, tak človek ne odseka življenja in si vedno prizadeva odpreti pot za življenje drugim ljudem.

'Nalomljeni trst' se nanaša na tiste, ki so polni grehov in hudobije tega sveta, medtem ko 'tleče stenje' simbolizira tiste, čigar srca so tako močno omadeževana s hudobijo, da bo svetloba njihove duše kmalu ugasnila. Malo verjetno je, da bodo ti ljudje, ki so kakor nalomljeni trst in tleče stenje, sprejeli Gospoda. Četudi verujejo v Boga, se njihova dela ne razlikujejo od del posvetnih ljudi. Ravno tako namreč govorijo zoper Svetega Boga in nasprotujejo Bogu. V času Jezusa mnogi niso verovali Vanj. Čeprav so bili priča veličastnim delom moči, so še vedno nasprotovali delom Svetega Duha. A Jezus je kljub temu nanje gledal z vero vse do konca in zanje odprl številne priložnosti za dosego odrešenja.

Danes celo v cerkvah najdemo veliko ljudi, ki so kakor nalomljeni trst in tleče stenje. Z ustnicami sicer kličejo 'Gospod, Gospod', vendar še naprej živijo v grehih. Nekateri med njimi celo nasprotujejo Bogu. S šibko vero naposled podležejo skušnjavam in prenehajo zahajati v cerkev. V sramu namreč dojamejo, da počnejo stvari, ki se v cerkvi smatrajo za hudobijo. Če smo dobri, moramo tem ljudem iztegniti naše roke.

Nekateri želijo biti ljubljeni in priznani v cerkvi, vendar ko se to ne uresniči, v njih prevlada hudobija. Zavistni postanejo do tistih, ki so ljubljeni s strani cerkvenih članov, in govoriti začnejo čez tiste, ki napredujejo v duhu. Nikoli ne vložijo truda pri opravilih, razen kadar so sami dali pobudo za določeno delo, in neprestano iščejo napake pri različnih delih.

Toda tudi v takšnih primerih ljudje z duhovno dobroto sprejemajo te posameznike, ki bruhajo hudobijo. Nikoli ne poskušajo določiti, kdo ima prav in kdo ne, ali med dobrim in zlim, da bi nato zatrli ničvredneže. Raje kot to se poskušajo dotakniti njihovih src, tako da jih obravnavajo z dobroto in srcem resnice.

Ljudje me včasih prosijo, da bi jim razkril identiteto tistih, ki se udeležujejo bogoslužja s prikritim motivom. Takšne posameznike označujejo za prevarante in jim želijo preprečiti vstop v cerkev. In res je, razkritje njihove identitete bo morda očistilo cerkev, toda kako grozno bo to za družinske člane, ki so te ljudi pripeljali v cerkev? Ko začnemo izločati cerkvene člane iz kakršnihkoli razlogov, bo v cerkvi kmalu ostala le še peščica ljudi. Kot člani cerkve imamo dolžnost spreobrniti hudobne ljudi in jih voditi v nebeško kraljestvo.

Nekateri ljudje seveda še naprej bruhajo čedalje več hudobije in bodo navkljub naši dobroti neizogibno zapadli na pot pogube. A tudi v teh primerih ne smemo določiti meje naše potrpežljivosti in se odreči ljudem, ki prestopijo to mejo. Duhovna dobrota narekuje, da jim neomajno vse do konca nudimo priložnost za pridobitev duhovnega življenja.

Žito in pleve sta videti podobna, a vendar je pleve prazno v notranjosti. Po žetvi kmetovalec spravi žito v kaščo, pleve pa sežge oziroma uporabi kot gnojilo. Tudi v cerkvi imamo žito in pleve. Navzven so morda vsi videti kot verniki, vendar je med njimi žito, ki so poslušni Božji besedi, in tudi pleve, ki sledijo hudobiji.

Vendar tako kot kmetovalec čaka na žetev, tako ljubeči Bog vse do konca čaka na spreobrnitev tistih, ki so kakor pleve. Vse do prihoda poslednjih dni moramo vsakomur nuditi priložnost za odrešenje in na vse ljudi gledati z očmi vere. Samo tako bomo lahko vzgojili duhovno dobroto znotraj nas.

Moč za sledenje dobroti znotraj resnice

Morda se sprašujete, kako se duhovna dobrota razlikuje od drugih duhovnih lastnosti. In sicer, v priliki o usmiljenem Samarijanu lahko njegova dejanja označimo za dobrodelna in milostna. Prav tako, če se ne prepiramo in nikoli ne povzdignemo glasu, potem živimo v miru in ponižnosti. Ali je potemtakem vse to zajeto v duhovni dobroti?

Seveda ljubezen, dobrodelnost srca, usmiljenje, mir, in ponižnost vse pripadajo dobroti. Kot že omenjeno je dobrota sama narava Boga in je kot takšna zelo širok pojem. Vendar poglavitni značilnosti duhovne dobrote sta poželenje po iskanju dobrote in moč za izpolnjevanje le-te. Poudarek pa ni na usmiljenju do drugih ali samem dejanju pomoči. Poudarek je na dobroti, ki Samarijanu ni dovoljevala, da bi preprosto šel mimo in ne bi pokazal usmiljenja.

Vzdržanost pred prepiranjem in oporekanjem je prav tako del ponižnosti. Duhovna dobrota nam v tovrstnih primerih namreč narekuje ohraniti mir. Kadar sledimo dobroti, ostajamo ponižni, raje kot bi vpili in se izpostavljali.

Kadar smo zvesti in smo obrodili sad dobrote, bomo zvesti ne samo v enem pogledu, pač pa v vsej Božji hiši. Če zanemarjate že samo eno od vaših dolžnosti, lahko posledično nastrada neka druga oseba in Božje kraljestvo morda ne bo razširjeno, kot bi moralo biti. Če imate dobroto v sebi, vam bo še kako mar za te reči. Ne boste jih zanemarjali, pač pa boste zvesti v vsej Božji hiši. To načelo lahko velja tudi za vse ostale lastnosti duha. Hudobnim ljudem je neprijetno, kadar niso hudobni. Dobro se počutijo šele takrat, ko sprostijo tisto mero hudobije, ki jo nosijo v sebi. Ljudje, ki imajo navado prekiniti druge, medtem ko ti govorijo, si ne morejo pomagati, da se ne bi vmešavali v tuje pogovore. Četudi pri tem koga užalijo ali komu težijo, lahko dosežejo duševni mir šele takrat, ko so potešilo to svojo potrebo. Pa vendar, če se potrudijo odpraviti svoje slabe navade in predrznost, ki so v nasprotju z Božjo besedo, jim bo to tudi uspelo in bodo izkoreninili večino teh madežev. Če pa se ne trudijo in se preprosto vdajo, bodo ostajali enaki tudi po desetih ali dvajsetih letih.

Medtem pa so dobri ljudje pravo nasprotje. Če ne sledijo dobroti, jih preganjajo bolj neprijetni občutki kot kadar utrpijo škodo, in nikakor ne morejo prenehati razmišljati o tem. Zato tudi če utrpijo osebno škodo, nikakor ne želijo škodovati drugim. Čeprav jim to predstavlja nevšečnost, se trudijo ravnati po pravilih.

Tovrstno srce lahko začutimo tudi v Pavlovih besedah. Pavel je imel vero, da je smel jesti meso, a ker bi zaradi tega lahko kdo drug zašel v skušnjavo, se je odrekel mesu do konca svojega življenja. Na enak način se dobri ljudje raje odrečejo stvarem, v katerih uživajo, v kolikor bi to lahko povzročilo bolečino drugim ljudem. To jih navdaja z neizmerno srečo, ko se tako odrekajo v korist drugih ljudi. Nikoli ne storijo ničesar, kar bi nekoga spravilo v zadrego, kot tudi ničesar, zaradi česar bi začel Sveti Duh v njih stokati.

Podobno velja, da kadar sledite dobroti pri vseh rečeh, s tem postopoma vzgajate sad duhovne dobrote. In ko obrodite sad duhovne dobrote, boste zavzeli stališča Gospoda. Nikoli ne boste storili ničesar, kar bi lahko nekoga pahnilo v skušnjavo. Tudi navzven boste izžarevali veliko dobrote in ponižnosti. Spoštljivi boste v podobi Gospoda in vaše vedenje in izražanje bosta popolna. Čudoviti boste v očeh vseh ljudi, saj bosta oddajali vonj po Kristusu.

Matej 5:15-16 pravi: "Svetilke tudi ne prižigajo in ne postavljajo pod mernik, temveč na podstavek, in sveti vsem, ki so v hiši. Takó naj vaša luč sveti pred ljudmi, da bodo videli vaša dobra dela in slavili vašega Očeta, ki je v nebesih." 2 Korinčanom 2:15 pa dodaja: "Za Boga smo namreč blag Kristusov vonj, tako med tistimi, ki so na poti rešitve, kakor med tistimi, ki so na poti pogubljenja." Zato iskreno upam, da boste vse počeli v Božjo slavo, kar najhitreje obrodili sad duhovne dobrote ter oddajali Kristusov vonj po vsem svetu.

Zoper te stvari ni postave

Numeri 12:7-8

"Temu sem zaupal vso Svojo hišo;

odkrito govorim z njim od ust do ust

in ne v ugankah

in GOSPODOVO podobo sme gledati."

8. poglavje

Zvestoba

Za priznanje naše zvestobe
Naredite več, kot vam je bilo naloženo
Bodite zvesti v resnici
Delajte po volji gospodarja
Bodite zvesti v vsej Božji hiši
Zvestoba do Božjega kraljestva in pravičnosti

Zvestoba

Nek možakar se je odpravil na potovanje v tujino. Ko je bil odsoten, je skrb za svoje premoženje zaupal trem služabnikom. Enemu je dal pet talentov, drugemu dva in tretjemu enega, vsakemu po njegovi zmožnosti. Služabnik, ki je prejel pet talentov, je šel takoj z njimi trgovat in je pridobil pet dodatnih talentov. Prav tako je tisti, ki je prejel dva, pridobil dva dodatna. Oni pa, ki je prejel enega, je šel, skopal jamo in skril denar svojega gospodarja, zato ni pridelal dobička.

Kasneje je gospodar pohvalil služabnika, ki sta s trgovanjem pridobila dodatne talente, in ju nagradil, rekoč: "Prav, dobri in zvesti služabnik!" (Matej 25:21). Služabnika, ki je preprosto zakopal talent, pa je gospodar pokaral, rekoč: "Malopridni in leni služabnik" (26. vrstica).

Tudi nam Bog nalaga številne zadolžitve glede na naše zmožnosti in tako lahko delamo Zanj. In šele ko izpolnimo te zadolžitve z vso našo močjo in koristimo kraljestvu Boga, takrat smo lahko priznani kot 'dobri in zvesti služabniki'.

Za priznanje naše zvestobe

Slovar opredeljuje besedo 'zvestoba' kot 'lastnost neomajne naklonjenosti ali predanosti, oziroma trdno spoštovanje obljub in obveznosti'. Tudi v posvetnem svetu so zaupanja vredni ljudje močno cenjeni.

Vendar zvestoba, kakršno priznava Bog, se razlikuje od zvestobe posvetnih ljudi. Zgolj marljivo izpolnjevanje naših dolžnosti še ne more prinaša duhovne zvestobe. Prav tako, če se potrudimo po najboljših močeh samo na enem določenem področju, to ni popolna zvestoba. Če denimo izpolnimo naše dolžnosti kot soproga, mati ali soprog, ali lahko temu rečemo zvestoba? Dejansko smo izpolnili le tisto, kar smo morali.

Duhovno zvesti ljudje predstavljajo zaklad v Božjem kraljestvu in oddajajo izrazito dišečo aromo. Pravzaprav oddajajo dišave neomajnega srca, oziroma dišave neomajne poslušnosti. Lahko jih primerjamo s poslušnostjo delovne krave in vonjem iskrenega srca. Če bomo oddajali tovrstne vonjave, nas bo Gospod označil kot čudovite ljudi in nas bo želel objeti. Tako je bilo tudi v primeru Mojzesa.

Sinovi Izraela so bili več kot 400 let zasužnjeni v Egiptu in Mojzesa naloga je bila popeljati Izraelce v kanaansko deželo. Mojzes je bil tako močno ljubljen od Boga, da je Ta govoril z njim na štiri oči. Bil je zvest v vsej Božji hiši in je izpolnil vse, kar mu je Bog zapovedal. Sploh se ni oziral na morebitne težave, s katerimi bi se lahko soočil. Preprosto je bil zvest na vseh področjih, do svoje družine in je hkrati izpolnil svojo dolžnost kot voditelj Izraela.

Nekega dne ga je obiskal njegov tast Jetro. Mojzes mu je opisal mogočna dela, ki jih je Bog naredil za ljudstvo Izraela. Naslednji dan je bil Jetro priča nečemu zares nenavadnemu. Zgodaj zjutraj je Mojzesa obiskala množica ljudi, da bi razrešil vse njihove spore, ki jih sami niso znali razsoditi. Tedaj je Jetro podal svoj predlog.

Eksodus 18:21-22 pravi: "Izberi pa iz vsega ljudstva sposobne može, ki se bojijo Boga, zanesljive ljudi, ki sovražijo podkupovanje; postavi jim jih za načelnike čez tisoč, čez sto, čez petdeset in čez deset ljudi! Ti naj vsak čas sodijo ljudstvu; vse večje zadeve naj prinašajo tebi, vse manjše zadeve pa naj razsojajo sami. Olajšaj si breme, naj ga nosijo s teboj!"

Mojzes je upošteval njegov predlog, kajti dojel je, da ima tast prav. Izbral je sposobne može, ki so sovražili podkupovanje, in jih postavil za načelnike čez tisoč, čez sto, čez petdeset in čez deset ljudi. Ti so delovali kot sodniki za ljudi pri vsakdanjih in preprostih zadevah, medtem ko je Mojzes razsojal samo velike spore.

Človek lahko obrodi sad zvestobe, ko izpolni vse svoje dolžnosti z dobrim srcem. Mojzes je bil zvest do svoje družine in je hkrati služil ljudstvu. V ta namen je vložil ves svoj čas in trud in zato bil tudi priznan kot oseba, ki je zvesta v vsej Božji hiši. Numeri 12:7-8 pravijo: "Ni pa tako z Mojim služabnikom Mojzesom; temu sem zaupal vso Svojo hišo; odkrito govorim z njim od ust do ust in ne v ugankah in GOSPODOVO podobo sme gledati."

Kakšen človek je potemtakem nekdo, ki je obrodil sad zvestobe, kakršnega priznava Bog?

Naredite več, kot vam je bilo naloženo

Ko delavci prejmejo plačilo za opravljeno delo, jih ne označimo za zveste, saj so zgolj izpolnili svoje dolžnosti. Opravili so le tisto, za kar so bili plačani. Kljub temu pa tudi med delavci nekateri naredijo več, kot se od njih pričakuje. In tega ne počno z zadržkom ali z mislimi, da morajo narediti vsaj toliko, kolikor jim je bilo plačano. V njihovem srcu namreč gori velika želja, ki jim narekuje izpolniti dolžnosti z vsem srcem, umom in dušo, brez da bi varčevali na času ali denarju.

Tudi nekateri polno zaposleni cerkveni delavci opravijo več, kot jim je naloženo. V cerkvi ostajajo po končanem delovniku ali na praznike, in tudi kadar niso na delu, nenehno razmišljajo o njihovi dolžnosti do Boga. Ves čas razmišljajo o načinih, kako bi bolje služili cerkvi in članom, zato radi postorijo več, kot določeno delo terja od njih. Povrh tega prevzemajo dolžnosti voditeljev verskih celic in skrbijo za duše. To je zvestoba, ko naredimo več, kot nam je bilo zaupano.

Enako velja za odgovornost, kjer tisti, ki so obrodili sad zvestobe, prevzemajo več odgovornosti in naredijo več dela. Mojzes je na primer tvegal življenje, ko je molil, da bi rešil sinove Izraela, ki so grešili. To je razvidno iz njegove molitve v Eksodusu 32:31-32, ki pravi: "Oh, to ljudstvo je zagrešilo velik greh: naredili so si bogove iz zlata. Vendar zdaj, ko bi Ti odpustil njihov greh! Če pa ne, izbriši, prosim, mene iz Svoje knjige, ki Si jo napisal!"

Pri izpolnjevanju svoje dolžnosti Mojzes ni bil le poslušen v svojih dejanjih do tega, kar mu je Bog zapovedal. Nikoli ni pomislil: 'Vse sem naredil, da bi jim razodel Božjo voljo, vendar je niso sprejeli. Ne morem jim več pomagati.' Mojzes je imel srce Boga in je usmerjal ljudi z vso svojo ljubeznijo in prizadevanji. In ko so ljudje grešili, je čutil, kakor bi bila njegova lastna krivda, za katero je želel prevzeti odgovornost.

Enako velja za apostola Pavla. Pismo Rimljanom 9:3 pravi: "Kajti želel bi biti sam preklet in ločen od Kristusa v prid svojim bratom, ki so moji rojaki po mesu." Toda čeprav smo slišali in poznamo Pavlovo in Mojzesovo zvestobo, to seveda še ne pomeni, da smo tudi sami vzgojili zvestobo.

V njegovem položaju bi večina ljudi ravnala drugače, tudi tisti, ki gojijo iskreno vero in izpolnjujejo svoje dolžnosti. Najbrž bi dejali: "Moj Bog, nadvse sem se potrudil. Smilijo se mi ti ljudje, a tudi sam sem veliko pretrpel, medtem ko sem jih vodil." Toda v resnici te besede pomenijo: "Nimam slabe vesti, kajti naredil sem vse, kar se je od mene pričakovalo." Ali pa so zaskrbljeni, da ne bi še sami prejeli graje za grehe teh ljudi, čeprav osebno ne nosijo nobene odgovornosti. Srce takšnih ljudi je vse prej kot zvesto.

Seveda pa ne more kar vsak moliti: "Prosim, odpusti njihove grehe, ali pa me izbriši iz knjige življenja." To pomeni le, da če obrodimo sad zvestobe v našem srcu, ne bomo mogli preprosto zavrniti vsakršne odgovornosti za stvari, ki so šle po zlu. Še preden bomo pomislili, da smo storili vse po svojih najboljših močeh, se bomo spomnili, kakšno je bilo naše srce, ko so nam bile prvikrat naložene dolžnosti.

Prav tako bomo pomislili na ljubezen in usmiljenje Boga do duš in da si Bog ne želi njihovega uničenja, četudi pravi, da jih bo kaznoval za njihove grehe. Kako bomo potemtakem molili k Bogu? Najbrž bomo iz globine našega srca dejali: "Moj Bog, vsa krivda je moja. Jaz sem tisti, ki jih ni primerno vodil. Ponudi jim še eno priložnost v mojem imenu."

Enako velja za vsa druga področja. Zvest človek ne bo nikoli rekel "dovolj sem storil", pač pa se bo razdajal z vsem svojim srcem. V 2 Korinčanom 12:15 Pavel pravi: "Sam bom prav rad razdajal in celo sam sebe bom do konca razdal za vaše duše. Ali me boste zato manj ljubili, če vas jaz toliko bolj ljubim?"

Pavel ni pod prisilo skrbel za duše in tudi ne le površinsko. Z velikim veseljem je izpolnjeval svojo dolžnost in prav zato je dejal, da se bo razdal za druge duše.

S popolno predanostjo se je znova in znova razdajal za druge duše. To je iskrena zvestoba, ko tako kot Pavel izpolnimo našo dolžnost z veseljem in ljubeznijo.

Bodite zvesti v resnici

Predpostavimo, da se nekdo pridruži tolpi in posveti svoje življenje služenju vodji te tolpe. Ali bo Bog takega človeka smatral za zvestega? Nikakor ne! Bog priznava našo zvestobo samo takrat, ko smo zvesti v dobroti in resnici.

Ker kristjani vodijo marljivo življenje v veri, so jim običajno zaupane številne dolžnosti. Včasih jih sprva poskušajo izpolnjevati z veliko vnemo, a jih kasneje preprosto zanemarijo. Lahko se zgodi, da postanejo preveč zaposleni z načrtovanjem razširitve posla. Morda izgubijo vnemo za njihove dolžnosti zaradi življenjskih težav ali ker se želijo izogniti preganjanja od drugih. Zakaj se njihovi pogledi tako spremenijo? Zato, ker so zanemarili duhovno zvestobo, medtem ko so delali za Božje kraljestvo.

Duhovna zvestoba pomeni obrezo našega srca. Neprenehoma

si moramo prati obleko našega srca. Odpraviti moramo vse oblike greha, neresnice, hudobije, krivice, nepostavnosti in teme ter postati sveti. Razodetje 2:10 pravi: "Bodi zvest vse do smrti in dal ti bom venec življenja." Zvestoba vse do smrti tukaj ne pomeni le, da moramo zvesto garati vse do naše fizične smrti, ampak si moramo vse življenje prizadevati izpolnjevati Božjo besedo iz Svetega pisma.

Da bi dosegli duhovno zvestobo, se moramo najprej do krvi upirati grehom in izpolnjevati Božje zapovedi. Najpomembneje je izkoreniniti hudobijo, grehe in neresnice, ki jih Bog nadvse sovraži. Če zgolj fizično garamo, ne da bi si obrezali srce, tega ne moremo imenovati duhovna zvestoba. Kot je rekel Pavel "dan za dnem umiram", moramo umoriti naše meso in postati posvečeni. To je duhovna zvestoba.

Bog Oče si od nas najbolj želi svetosti. Ljudje moramo to dojeti in se potruditi po najboljših močeh pri obrezovanju naših src. Seveda pa to še ne pomeni, da ne smemo prevzeti nobenih dolžnosti, dokler ne postanemo popolnoma posvečeni. Ne glede na dolžnost, ki jo v danem trenutku opravljamo, si moramo istočasno prizadevati doseči tudi svetost.

Ljudje, ki si neprekinjeno obrezujejo svoja srca, ostajajo neomajno zvesti. Nikoli ne zanemarjajo svojih dragocenih dolžnosti samo zaradi težav v vsakdanjem življenju ali določnih stisk v srcu. Od Boga dane dolžnosti predstavljajo zavezo med Bogom in nami, zato jih ne smemo nikoli prelomiti ne glede na okoliščine.

Po drugi strani pa, kaj se bo zgodilo, če si ne obrežemo našega srca? Izgubili bomo ves pogum in voljo, ko bomo soočeni s težavami in stiskami. Lahko se zgodi, da bomo zapravili naš zaupljiv odnos z Bogom in prenehali izpolnjevati naše dolžnosti. Znašli se bomo v začaranem krogu, ko si bomo povrnili Božjo milost in za kratek čas hodili po pravi poti, dokler se ne bomo ponovno oddaljili od Boga. Delavce, ki tako nihajo pri svojem delu, nikakor ne moremo označiti za zveste, četudi dobro opravljajo svoje delo.

Da bi osvojili zvestobo, kakršno priznava Bog, moramo gojiti tudi duhovno zvestobo, kar pomeni, da si moramo obrezati srce. Toda obreza srca kot takšna še ne prinaša nagrad. Obreza srca je nujno potrebna za rešene Božje otroke. Če odpravimo grehe in izpolnimo naše dolžnosti s posvečenim srcem, lahko namreč obrodimo veliko veličastnejši sad, kot kadar to storimo z mesenim odnosom. Zato bomo tudi prejeli veliko večje nagrade.

Predpostavimo na primer, da ste se vso nedeljo potili kot prostovoljec v cerkvi, vendar ste se sprli z določenimi ljudmi in prelomili mir. Če služite cerkvi in se med tem pritožujete in gojite zamere, vam bodo temu primerno odvzete vaše nagrade. Kadar pa služite cerkvi z dobroto in ljubeznijo ter živite v miru z vsemi ljudmi, takrat bo Bog sprejel vso vaše delo kot prijetno aromo in nagradil sleherno vaše dejanje.

Delajte po volji gospodarja

V cerkvi moramo delati v skladu s srcem in voljo Boga. Prav tako moramo zvesto ubogati naše voditelje v skladu z redom znotraj cerkve. Pregovori 25:13 pravijo: "Kakor snežen hlad v času žetveje zanesljiv sel tistemu, ki ga pošilja, tako poživlja dušo svojega gospodarja."

Četudi zelo marljivo izpolnjujemo naše dolžnosti, ne moremo zadovoljiti poželenja gospodarja, če to počnemo po lastni volji. Predpostavimo na primer, da vam šef v podjetju naroči ostati v pisarni, kajti pričakuje prihod zelo pomembne stranke. Toda vi bi morali zaključiti nek službeni posel na terenu, kar vam nazadnje vzame ves dan. Čeprav ste zapustili pisarno iz službenih razlogov, v očeh vašega šefa niste bili zvesti.

Gospodarjeve volje običajno ne izpolnimo zato, ker sledimo lastnim zamislim ali pa imamo sebične motive. Takšni posamezniki navidez sicer služijo svojemu gospodarju, a tega v resnici ne počno iz zvestobe, temveč sledijo lastnim željam, pri čemer lahko v vsakem trenutku pozabijo na gospodarjevo voljo.

V Svetem pismu najdemo zgodbo o Joabu, ki je bil sorodnik in poveljnik Davidove vojske. Joab je stal Davidu ob strani v vseh nevarnih trenutkih, ko je ta bežal pred kraljem Savlom. Bil je izredno moder in hraber človek. Zvesto je izpolnjeval vse Davidove želje. Ko je napadel Amonce in vdrl v njihovo mesto, je počakal in dovolil Davidu zavzeti to mesto. Vso slavo za osvojitev mesta je prepustil Davidu.

Na tak način je lepo služil Davidu, vendar pa ta kljub temu ni bil povsem zadovoljen z njim, saj je Joab znal tudi kljubovati Davidu, kadar je imel od tega osebno korist. Ko je želel doseči kak svoj cilj, ni okleval in je predrzno kljuboval Davidu.

Poveljnik Abner je bil Davidov sovražnik in ko se je predal, ga je David toplo sprejel in poslal nazaj domov. Na ta način je David želel ohraniti mir med ljudstvom. Toda ko je Joab kasneje to izvedel, se je odpravil za Abnerjem in ga ubil. Abner je namreč v eni od preteklih bitk ubil Joabovega brata. Čeprav je vedel, da bo s tem umorom spravil Davida v težak položaj, je preprosto sledil svojim čustvom.

Prav tako, ko se je Davidov sin Absalom uprl Davidu, je ta naročil vojakom lepo ravnati z Absalomom, ko so skupaj odhajali v boj. Toda ko je Joab slišal za ta ukaz, je nemudoma ubil Absaloma. Najbrž je menil, da bi se Absalom ponovno uprl, v kolikor bi ga pustil pri življenju, a konec koncev je Joab po svoji lastni presoji prekršil kraljev ukaz.

Četudi je prestal vse težke čase skupaj s kraljem, je kljuboval kralju v ključnih trenutkih in zato mu David ni mogel zaupati. Nazadnje se je Joab uprl kralju Salomonu, Davidovemu sinu, in bil posledično usmrčen. Tudi tokrat ni upošteval Davidove volje in je želel za kralja postaviti osebo po svoji presoji. Sicer je vse življenje služil Davidu, a namesto da bi postal zaslužni sluga, je končal svoje življenje kot upornik.

Pri Božjem delu ni najpomembneje, kako ambiciozna so naša prizadevanja, pač pa je najpomembneje slediti volji Boga. Zvestoba nima prav nobenega pomena, v kolikor nasprotujemo Božji volji. Pri delu v cerkvi moramo slediti voditeljem in ne naši lastni presoji. Na ta način nas sovražnik hudič in Satan ne bo mogel obtožiti in nazadnje bomo lahko proslavili Boga.

Bodite zvesti v vsej Božji hiši

'Biti zvest v vsej Božji hiši' pomeni biti zvest v vseh pogledih našega jaza. V cerkvi moramo izpolnjevati vse naše zadolžitve, čeprav imamo veliko dolžnosti. In tudi kadar nimamo nobene dolžnosti v cerkvi, je naša dolžnost, da smo kot člani cerkve prisotni na določenih krajih in priložnostih.

Vsak ima svoje dolžnosti, ne samo v cerkvi, temveč tudi na delovnem mestu in v šoli. V vseh teh pogledih moramo izpolniti naše dolžnosti kot člani cerkve. Biti zvest v vsej Božji hiši pomeni izpolniti vse naše dolžnosti na vseh področjih življenja: kot Božji otroci, kot voditelji oziroma člani cerkve, kot člani družine, kot delavci v podjetju, ali kot študentje oz. učitelji v šoli. In nikakor ne smemo biti zvesti le pri eni ali dveh dolžnostih in zanemariti preostalih. Zvesti moramo biti prav v vseh pogledih.

Morda boste pomislili: 'Samo eno telo imam. Kako naj bom zvest na vseh teh področjih?' Toda če se spremenimo v duha, nam ne bo težko biti zvest v vsej Božji hiši. Četudi vložimo malo časa, bomo zagotovo poželi sadove, če smo sejali v duhu.

Prav tako ljudje, ki so prešli v duha, nikoli ne strežejo lastnim koristim in udobju, ampak mislijo na koristi drugih ljudi. Vselej najprej pogledajo na določeno stvar s stališča drugih. Takšni ljudje posledično izpolnjujejo vse svoje dolžnosti, četudi se morajo pri tem žrtvovati. Poleg tega bo naše srce napolnjeno z dobroto v tolikšni meri, kakršna je naša dosežena stopnja duha. In če smo dobri, se ne bomo nagibali samo na eno določeno stran. Če imamo veliko dolžnosti, ne bomo zanemarjali nobene od njih.

Po najboljših močeh bomo skrbeli za vse ljudi v naši okolici in ti bodo čutili zvestobo našega srca. Ljudje tako ne bodo razočarani, ker nismo ves čas v njihovi neposredni bližini, pač pa bodo hvaležni, da skrbimo zanje.

Če ima na primer nekdo dve dolžnosti, saj je voditeljica ene skupine in preprosta članica druge skupine. Če takšna oseba goji dobroto in če je obrodila sad zvestobe, ne bo zanemarjala nobene od skupin. Pod nobenim pogojem ne bo rekla: "Člani prve skupine bodo gotovo razumeli mojo odsotnost, saj sem vendar voditeljica te druge skupine." Če ne bo mogla biti fizično prisotna pri druženju prve skupine, bo poskrbeli, da jim je v pomoč na kak drug način in v srcu. In enako smo lahko mi zvesti v vsej Božji hiši in ohranjamo mir z vsemi ljudmi do te mere, do katere smo vzgojili dobroto.

Zvestoba do Božjega kraljestva in pravičnosti

Jožef je bil prodan za sužnja bogatemu Egipčanu Potifarju, načelniku telesne straže. Toda Jožef je bil tako zvest in zaupanja vreden, da je Potifar prepustil vsa hišna opravila temu mlademu sužnju in se ni zmenil zanj. Temu je bilo tako, ker je Jožef za vse poskrbel do najmanjšega detajla, vse po željah gospodarja.

Božje kraljestvo prav tako potrebuje veliko zvestih delavcev, kakršen je bil Jožef. Če vam je naložena določena dolžnost in jo izpolnite tako zvesto, da vašemu voditelju sploh ni treba skrbeti zanjo, potem ste zelo dragoceni za Božje kraljestvo!

Luka 16:10 pravi: "Kdor je v najmanjšem zvest, je zvest tudi v velikem, kdor pa je v najmanjšem kriviten, je kriviten tudi v velikem." Čeprav je služil zemeljskemu gospodarju, je Jožef deloval zvesto z vero v Boga. In Bog tega ni smatral za prazno početje, temveč je Jožefa postavil za najpomembnejšega moža v Egiptu.

Osebno nisem nikoli popuščal pri Božjih delih. Že pred odprtjem cerkve sem redno daroval celonočne molitve, po odprtju cerkve pa sem molil od polnoči do četrte ure zjutraj in nato ob peti uri vodil jutranja molitvena srečanja. Tisti čas še nismo imeli Danielovega molitvenega srečanja ob deveti uri zvečer, kot tudi nismo imeli nobenih drugih pastorjev ali voditeljev verskih celic, zato sem moral sam voditi jutranja molitvena srečanja. A pri tem nisem nikoli zamudil niti enega samega dne.

Povrh tega sem moral pripraviti pridige za nedeljsko mašo, sredino mašo in petkovo celonočno čaščenje, hkrati pa obiskoval še teološko semenišče. Nikoli nisem zanemarjal svojih dolžnosti ali jih prelagal na druge ljudi samo zaradi utrujenosti. Ko sem se vrnil s semenišča, sem poskrbel za bolne ljudi ali pa obiskal člane naše cerkve in pri tem vložil ves trud, da sem jih duhovno oskrbel. V cerkev je prihajalo ogromno bolnih ljudi iz vseh koncev dežele.

Tisti čas so morali nekateri študentje na avtobus in na poti do naše cerkve večkrat prestopiti med vožnjo. Danes si v cerkvi lastimo svoje avtobuse, takrat pa temu ni bilo tako in ker se si želel, da študentom ne bilo treba skrbeti za avtobusne vozovnice, sem jih po maši pogosto spremljal do avtobusne postaje in jim poklonil avtobusne žetone oziroma vozovnice. Pravzaprav sem jim dal toliko žetonov, da so lahko naslednjič ponovno prišli v cerkev z avtobusom. In ta denar za žetone sem moral prispevati iz lastnega žepa, kajti takrat se je prispevkov od vernikov v cerkvi zbralo zgolj za nekaj deset dolarjev, sama cerkev pa tudi ni imela denarja.

Vsakič, ko se je v cerkev včlanila nova oseba, sem vsako od njih smatral za izredno dragoceno, zato sem molil zanje in jim služil z ljubeznijo, da jih ne bi izgubil. Iz tega razloga tudi nihče takrat ni zapustil moje cerkve in ta je hitro rasla. In ker je cerkev štela veliko članov, ali se je moja zvestoba posledično ohladila? Nikakor ne! Moja gorečnost za duše se ni nikoli ohladila.

Danes imamo več kot 10.000 podružničnih cerkva po vsem svetu, kot tudi celo vrsto pastorjev, starešin, višjih diakonic, ter voditeljev cerkvenih občin, podobčin in celic. Pa vendar moja molitev in ljubezen do duš samo še bolj goreče raste.

Ali se je morda vaša zvestoba pred Bogom ohladila? Ali je kdo med vami opravljal od Boga dane dolžnosti, vendar jih danes več ne opravljate? In če danes opravljate enako dolžnost kot v preteklosti, ali se je vaša vnema do dolžnosti ohladila? Če gojimo iskreno vero, se bo naša zvestoba samo še krepila skupaj z rastjo naše vere, in zvesto bomo služili Gospodu, da bi razširili Božje kraljestvo in rešili številne duše. Za vse to bomo kasneje bogato nagrajeni v obliki dragocenih nagrad v nebesih.

Če bi si Bog želel zvestobe le v dejanjih, Mu ne bi bilo treba ustvariti človeštva, saj ima ob Sebi celo množico članov nebeške vojske in angelov, ki so Mu poslušni. Toda Bog si ni želel nekoga, ki je brezpogojno poslušen kot nekakšen robot. Bog si je želel otrok, ki bi bili zvesti do Njega z ljubeznijo, ki izhaja iz globin njihovih src.

Psalma 101:6 pravijo: "Moje oči bodo na zvestih v deželi, da bodo bivali z mano. Kdor hodi po popolni poti, on mi bo služil." Vsi tisti, ki izkoreninijo vse oblike hudobije in postanejo zvesti v vsej Božji hiši, bodo blagoslovljeni z odhodom v Novi Jeruzalem, ki predstavlja najlepše bivališče znotraj nebes. Zatorej iskreno upam, da boste postali delavci, ki so kakor stebri Božjega kraljestva in boste uživali čast bivanja v neposredni bližini Božjega prestola.

Matej 11:29

"Vzemite nase Moj jarem in učite se od Mene,

ker Sem krotak in v srcu ponižen,

in našli boste počitek svojim dušam."

Zoper te stvari ni postave

9. poglavje

Krotkost

Sprejemanje ljudi s krotkostjo
Duhovna krotkost in velikodušnost
Značaj ljudi, ki so obrodili sad krotkosti
Da bi obrodili sad krotkosti
Obdelajte dobro zemljo
Blagoslovi za krotke

Krotkost

Presenetljivo veliko ljudi ima težave z vzkipljivostjo, depresijo ali osebnim značajem, ki je preveč introvertiran ali ekstravertiran. Ko se stvari ne odvijajo po njihovih željah, ljudje preprosto pripišejo krivdo svoji osebnosti, rekoč: "Ne morem pomagati, takšna je pač moja osebnost." Toda ljudi je ustvaril Bog, in Bogu ni težko spremeniti človekove osebnosti z Njegovo močjo.

Mojzes je nekoč ubil človeka zaradi svojega značaja, a se je kasneje po Božji moči spreobrnil do te mere, da ga je Bog priznal kot najskromnejšega in najkrotkejšega človeka med vsemi na obličju zemlje. Apostol Pavel je nosil vzdevek 'sin groma', a se je tudi on spreobrnil po Božji moči in dosegel priznanje kot 'nežni apostol'.

Če so ljudje pripravljeni izkoreniniti hudobijo in obdelovati svoje srčno polje, se lahko prav vsi — tudi tisti vzkipljivi, bahavi in egocentrični ljudje — spreobrnejo in vzgojijo lastnosti krotkosti.

Sprejemanje ljudi s krotkostjo

Slovar opredeljuje krotkost kot lastnost oz. stanje nežnosti, usmiljenosti ali blagosti. Tisti, ki so boječi ali sramežljivo nedružabni po značaju, ali tisti, ki se ne znajo jasno izražati v družbi, so pogosto označeni kot krotki ljudje. In tisti, ki so naivni oziroma se nikoli ne razjezijo zaradi nizke intelektualne razvitosti, so prav tako krotki v očeh posvetnih ljudi.

Vendar duhovno krotkost ne tvorita zgolj blagost in nežnost, temveč moramo imeti modrost in sposobnost presojanja med dobrim in slabim, in hkrati moramo razumeti in sprejemati vsakogar, kajti v njih ni nobene hudobije. Duhovna krotkost pomeni velikodušnost, združeno z blagim in nežnim značajem. Če gojite to krepostno velikodušnost, ne boste zgolj blagi ves čas, ampak boste hkrati izkazovali veliko dostojanstvo, ko bo to potrebno.

Srce krotke osebe je nežno kakor bombaž. Če zalučate kamen v bombaž ali ga preluknjate s šivanko, bo bombaž preprosto prekril in objel ta predmet. In enako duhovno krotki ljudje ne gojijo zamer v svojih srcih, pa naj ljudje še tako grdo ravnajo z njimi. Pravzaprav se nikoli ne razjezijo ali občutijo nelagodja, in tudi drugim ne povzročajo nelagodja.

Nikogar tudi ne obsojajo, ampak so vedno razumevajoči in sprejemajo vse ljudi, zato mnogi najdejo uteho pri takšnih krotkih ljudeh. To lahko primerjamo z velikim drevesom s številnimi vejami, na katerih počivajo in gnezdijo ptice.

Mojzes je eden tistih, ki so pri Bogu dosegli priznanje za njihovo krotkost. Numeri 12:3 pravijo: "Mož Mojzes pa je bil zelo ponižen mož, bolj kot vsi ljudje na površju zemlje." V času eksodusa je bilo med sinovi Izraela več kot 600.000 odraslih mož. Vključno z ženskami in otroci je to število presegalo dva milijona. Voditi tolikšno množico ljudi je bila že sama po sebi izredno težka naloga za preprostega človeka.

Še toliko težje pa je bilo voditi te ljudi, ki so imeli močno zakrknjena srca kot nekdanji sužnji Egipta. Če vas redno pretepajo, zmerjajo, zlorabljajo in naporno garate kot sužnji, bo vaše srce močno otrdelo. In pod takšnimi pogoji je težko vcepiti kakršnokoli milost v njihova srca, kar bi jim omogočilo ljubiti Boga iz srca. Prav zato je ljudstvo vsakič nasprotovalo Bogu, četudi jim je Mojzes razodel veliko moč.

Ko so se znašli že pred najmanjšo težavo, so se nemudoma pritožili in nasprotovali Mojzesu. Zato že samo dejstvo, da je Mojzes vodil takšne ljudi v puščavi polnih 40 let, dovolj zgovorno priča o tem, kako duhovno krotek je bil Mojzes. To Mojzesovo srce predstavlja duhovno krotkost, ki je eden od sadov Svetega Duha.

Duhovna krotkost in velikodušnost

Ali kdo med vami razmišlja v smislu: 'Nikoli se ne jezim in sem izredno krotek, a vendar ne prejmem odgovorov na moje molitve. Tudi glasu Svetega Duha ne slišim dovolj jasno'? V tem primeru morate pri sebi preveriti, ali gre morda za meseno krotkost. Ljudje vas namreč lahko imajo za krotkega, ker se zdite blagi in umirjeni, vendar gre zgolj za meseno krotkost.

Bog si želi duhovne krotkosti, ki pa ne pomeni le nežnosti in blagosti, pač pa ju mora spremljati krepostna velikodušnost. Da bi docela vzgojili duhovno krotkost, vas mora skupaj s krotkostjo srca krasiti tudi navzven razvidna krepostna velikodušnost. Podobno velja za človeka z izjemnim značajem, oblečenega v oblačila, ki ustrezajo njegovemu značaju. Četudi ima nekdo dober značaj, če bo hodil naokrog brez oblačil, ga bo golota spravljala v sramoto. In ravno tako krotkost brez krepostne velikodušnosti ni popolna.

Krepostna velikodušnost je kakor obleka, ki krotkosti dodaja blišč. Če v srcu ne nosite svetosti, ne moremo trditi, da gojite krepostno velikodušnost samo zato, ker navzven opravljate dobra dela. Če vam je najpomembneje, da navzven kažete ustrezna dobra dela, namesto da bi vzgajali svoje srce, se kmalu ne boste več zavedali svojih pomanjkljivosti in boste zmotno prepričani, da ste dosegli veliko duhovno rast.

Vendar celo v tem svetu se ljudje, ki skrbijo samo za svojo zunanjo podobo in nimajo dobre osebnosti, ne morejo prikupiti drugim ljudem. In enako je tudi v veri povsem brez pomena, da bi se osredotočali na svoja zunanja dejanja, pri tem pa zanemarjali svojo notranjo lepoto.

Nekateri ljudje na primer vodijo pošteno življenje, vendar obsojajo in zaničujejo druge, ki ne ravnajo tako kot oni sami. Prav tako radi vztrajajo pri svojih stališčih, misleč: 'To je pravi način. Zakaj ljudje počnejo stvari po svoje?' Pri svetovanju se radi poslužujejo prijaznih besed, a v srcu obsojajo druge ljudi ter nanje gledajo v svoji samopravičnosti in neodobravanju. Posledično ljudje ne najdejo počitka v takšnih posameznikih, temveč so užaljeni in malodušni, zato več ne želijo ostati v njihovi bližini.

Nekateri se tudi razjezijo in vznemirijo zaradi svoje samopravičnosti in hudobije. Kljub temu pa trdijo, da so upravičeno ogorčeni in vse počno v dobro drugih. Toda kdor goji krepostno velikodušnost, ne bo v nobeni situaciji izgubil duševnega miru.

Če resnično želite obroditi sadove Svetega Duha, ne smete preprosto prekriti hudobije vašega srca z vašimi zunanjimi dejanji. V tem primeru gre namreč zgolj za prazno predstavo v očeh drugih ljudi. Znova in znova morate pri sebi preverjati vsa dejanja in vselej izbrati pot dobrote.

Značaj ljudi, ki so obrodili sad krotkosti

Za krotke ljudi s širokim srcem radi pravimo, da so njihova srca kakor ocean. Ocean namreč sprejema vse onesnažene vode iz potokov in rek ter jih očiščuje. Če vzgojimo široko in krotko srce kakor ocean, lahko popeljemo tudi z grehom omadeževane duše na pot odrešenja.

Če smo velikodušni navzven in hkrati krotki navznoter, lahko osvojimo srca številnih ljudi in dosežemo velike reči. No, naj vam opišem nekaj primerov lastnosti ljudi, ki so obrodili sad krotkosti.

Prvič - pri svojih dejanjih so dostojanstveni in razumni

Ljudje, ki so navidez blagi po temperamentu, a v resnici neodločni, ne morejo sprejemati drugih. Takšni ljudje so praviloma zaničevani in izkoriščani. V zgodovini so bili nekateri kralji krotki po značaju, vendar niso gojili krepostne velikodušnosti, zato so državo pretresali nemiri. Kasneje ljudje označijo takšnega kralja ne za krotko osebo, ampak za nesposobno in neodločno osebo.

Po drugi strani pa so imeli nekateri kralji prijeten in blag značaj, ki sta ga spremljala modrost in dostojanstvo. Pod vladavino takšnega kralja je bila država stabilna in ljudje so uživali mir. Ravno tako tisti, ki jih krasi tako krotkost kot krepostna velikodušnost, praviloma razvijejo primeren standard presojanja. Pravilno namreč ločijo med dobrim in slabim ter postopajo na pravičen način.

Ko je Jezus očistil tempelj in okaral farizeje in pismouke, je to storil z ostrimi besedami. Čeprav ima krotko srce, ki 'nalomljenega trsta ne zlomi in tlečega stenja ne ugasne', je kljub temu ostro okaral ljudi, ko je bilo to potrebno. Če nosite takšno dostojanstvo in pravičnost v svojem srcu, vas ljudje ne morejo zaničevati, četudi nikoli ne povzdignete glasu.

Zunanja podoba je povezana tudi s posedovanjem manir Gospoda in popolnih del telesa. Krepostni ljudje izžarevajo dostojanstvo, oblast in pomembnost v svojih besedah, in nikoli malomarno ne izrekajo praznih besed. Vedno si nadenejo primerna oblačila za vsak dogodek, se izražajo z nežno obrazno mimiko, brez osornih ali hladnih pogledov.

Predpostavimo na primer, da ima nekdo neurejene lase in oblačila in se vede nespoštljivo. Prav tako rad stresa šale in govori o povsem nepomembnih stvareh. Takšna oseba si bo težko pridobila zaupanje in spoštovanje pri drugih ljudeh, saj se ti ne bodo želeli gibati v njegovem krogu.

Če bi se Jezus nenehno šalil, bi se Njegovi učenci poskušali šaliti skupaj z Njim. Posledično bi Mu nemudoma oporekali in vztrajali pri svojem, kadar bi jih Jezus učil česa težavnega. Toda v resnici si niso drznili kaj takšnega. Tudi tisti, ki so prišli pred Njega z namenom, da bi Mu oporekali, tega nazadnje niso storili zaradi Njegovega dostojanstva. Jezusove besede in dejanja so vedno izžarevale veliko težo in dostojanstvo, zato Ga ljudje niso mogli jemati zlahka.

Seveda se nadrejeni včasih lahko pošali s svojimi podrejenimi, da bi dosegel večjo sproščenost med njimi. Vendar če se podrejeni skupaj neotesano šalijo, to pomeni, da nimajo primernega odnosa.

Po drugi strani pa, če so voditelji nepošteni in navidez raztreseni, si ravno tako ne morejo pridobiti zaupanja pri drugih. Še zlasti tisti na najvišjih položajih v podjetju morajo imeti primeren odnos, način izražanja in vedenje.

Nadrejeni v neki organizaciji je lahko častitljiv in spoštljiv do podrejenih, vendar ko kakšen od podrejenih pokaže pretirano spoštovanje, ga lahko nadrejeni nagovori s preprostimi besedami, da bi se podrejeni sprostil. V takšni situaciji bo neformalen pogovor podrejene pomiril in bo lažje odprl svoje srce. Kljub temu pa podrejeni ne smejo zviška gledati na nadrejenega, se z njim prerekati ali mu nasprotovati samo zato, ker je ta prizanesljiv do njih.

Pismo Rimljanom 15:2 pravi: "Vsak izmed nas naj skuša ugoditi bližnjemu, in sicer v njegovo dobro in njegovo izgraditev." Pismo Filipljanom 4:8 pa dodaja: "Sicer pa, bratje, vse, kar je resnično, kar je vzvišeno, kar je pravično, kar je čisto, kar je ljubeznivo, kar je častno, kar je količkaj krepostno in hvalevredno, vse to imejte v mislih." Ravno tako tisti, ki so krepostni in velikodušni, vselej ravnajo na pošten način in so uvidevni do počutja drugih ljudi.

Drugič - krotki ljudje s širokim srcem izžarevajo usmiljenje in sočutje

Takšni ljudje ne le pomagajo tistim v finančni stiski, ampak dajejo uteho in izkazujejo milost tudi tistim, ki so duhovno utrujeni in šibki. Toda četudi gojijo krotkost, v kolikor ta ostaja zgolj v njihovem srcu, je zanje težko oddajati tisti vonj po

Kristusu.

Predpostavimo na primer, da neka vernica trpi preganjanje zaradi njene vere. Če bodo to izvedeli cerkveni voditelji v njeni bližini, bodo čutili sočutje do nje in molili zanjo. To so voditelji, ki čutijo sočutje samo v svojih srcih. Po drugi strani pa jo bodo nekateri drugi voditelji osebno spodbujali, tolažili in ji pomagali z ukrepi in dejanji glede na njeno situacijo. Na ta način jo bodo podpirali, da bo lahko z vero premagala stisko.

Takšni osebi, ki se sooča s težavami, je izredno težko izkazati uvidevnost v srcu in primerna dejanja kot takšna. Kadar se krotkost navzven pokaže kot velikodušno dejanje, lahko to ljudi napaja z milostjo in življenjem. Zatorej, ko Sveto pismo pravi 'blagor krotkim, kajti deželo bodo podedovali' (Matej 5:5), je to tesno povezano z zvestobo, ki se kaže kot krepostna velikodušnost. Podedovanje dežele se nanaša na nebeške zaklade oziroma nagrade. Prejemanje nebeških zakladov je praviloma povezano z zvestobo. Ko prejmete plaketo zahvale, častno odlikovanje ali nagrado za evangelizem od cerkve, je to rezultat vaše zvestobe.

Prav tako krotki prejmejo blagoslove, vendar pa to ne prihaja iz njihove krotkega srca kot takšnega. Ko je krotko srce izraženo s krepostnimi in velikodušnimi deli, ti ljudje obrodijo sad zvestobe in kot rezultat prejmejo zaklade. Namreč, ko sprejemate in velikodušno pomagate številnim dušam, jim dajete uteho, življenje ter jih spodbujate, boste skozi ta dejanja podedovali deželo v nebesih.

Da bi obrodili sad krotkosti

In kako lahko obrodimo sad krotkosti? Srce moramo vzgojiti v dobro zemljo.

Takrat jim je veliko povedal v prilikah. Dejal je: "Sejalec je šel sejat. Ko je sejal, je nekaj semena padlo ob pot. Priletele so ptice in ga pozobale. Drugo seme je padlo na kamnita tla, kjer ni imelo veliko prsti. Hitro je pognalo, ker ni imelo globoke zemlje. Ko pa je sonce vzšlo, ga je ožgalo, in ker ni imelo korenine, se je posušilo. Spet drugo je padlo med trnje in trnje je zraslo ter ga zadušilo. Druga semena pa so padla na dobro zemljo in so dajala sad: eno stoternega, drugo šestdeseternega in spet drugo trideseternega" (Matej 13:3-8).

13. poglavje Matejevega evangelija primerja naše srce s štirimi različnimi vrstami zemlje, in sicer z obcestjem, kamnitimi tlemi, trnovim poljem in dobro zemljo.

Srčna zemlja, ki je kakor obcestje, mora biti očiščena samopravičnosti in egocentričnosti

Po obcestju hodijo ljudje in je otrdelo, zato na njem ne moremo posaditi semen. Semena ne morejo pognati korenin in končajo kot ptičji plen. Kdor ima takšno srce, je trmast po naravi in ne odpira svojega srca resnici, zato ne more srečati Boga ali pridobiti vere.

Lastna prepričanja in vrednote teh ljudi so tako močno

zakoreninjene, da enostavno ne morejo sprejeti Božje besede. Trdno so namreč prepričani v svoj prav. Da bi odpravili samopravičnost in egocentričnost, morajo najprej uničiti hudobijo v srcu. To pa je izredno težko doseči, ko se nekdo oklepa nadutosti, arogance, trme in laži. Tovrstna hudobija pri človeku vzpodbuja mesene misli, kar mu preprečuje verovati v Božjo besedo.

Denimo ljudje, ki so kopičili laži v svojih glavah, si ne morejo pomagati, da ne bi dvomili, tudi kadar drugi govorijo resnico. Rimljanom 8:7 pravi: "Kajti meseno mišljenje je sovraštvo do Boga, ker se ne podreja Božji postavi in se podrejati tudi ne more." Kot piše ti ljudje ne morejo biti poslušni niti odgovarjati z 'amen' na Božjo besedo.

Nekateri so sprva izredno trmasti, a ko so enkrat deležni milosti, kmalu spremenijo svoje mišljenje in postanejo zelo predani v veri. To še posebej velja za ljudi, ki imajo otrdela zunanja razmišljanja, a nežna in mehka notranja srca. Medtem pa se tisti, ki imajo srca kakor obcestje, močno razlikujejo od teh ljudi. Pri njih so namreč otrdela tudi njihova notranja srca. Srce, ki je otrdelo v svoji zunanjosti, a nežno v notranjosti, lahko primerjamo s tanko ledeno ploščo, medtem ko je obcestje kakor mlaka vode, ki je zaledenela vse do dna.

Ker je bilo 'obcestno srce' dolgo časa pod vplivom neresnic in hudobije, ga ni moč očistiti v kratkem času. Pri obdelovanju ga je potrebno znova in znova zlomiti. Vsakič, ko se Božja beseda ne sklada z njihovimi pogledi, se morajo zamisliti nad pravilnostjo svojih misli. Poleg tega morajo nabirati dela dobrote, da bi jih Bog lahko blagoslovil z milostjo.

Včasih me ljudje prosijo za molitev, da bi pridobili vero. Seveda je žalostno, da nimajo vere, potem ko so bili priča Božji moči in že dolgo časa poslušajo Božjo besedo, vendar je to še vedno veliko bolje, kot da se sploh ne bi trudili. V primeru 'obcestnih src' morajo njihovi družinski člani in cerkveni voditelji moliti zanje in jih usmerjati, hkrati pa je pomembno, da tudi sami pokažejo prizadevanje. Takrat bo na določeni točki začelo kliti seme Božje besede v njihovih srcih.

Srce, ki je kakor kamnita tla, mora odpraviti ljubezen do sveta

Če posejete semena na kamnitih tleh, bodo ta sicer pognala, vendar ne bodo mogla rasti zaradi kamenja. In enako tisti, ki imajo srce kakor kamnita tla, zelo hitro padejo, ko so soočeni s preizkušnjami, preganjanji ali skušnjavami.

Ko so deležni Božje milosti, jih navdaja velika želja, da bi živeli po Božji besedi. Takrat morda tudi doživijo ognjena dela Svetega Duha, ko pade seme Božje besede na njihovo srce in začne kliti. Vendar, čeprav so prejeli to milost, jih še naprej preganjajo konfliktne misli, ko se odpravljajo v cerkev na prihodnjo nedeljo. Čeprav so jasno doživeli Svetega Duha, dvomijo in razmišljajo, da je morda šlo za nekakšen trenutek čustvene vznemirjenosti. Misli jih spravljajo v dvom, zato ponovno zaprejo vrata svojega srca.

Medtem pa za druge konflikt predstavlja dejstvo, da se nikakor ne morejo odpovedati svojim hobijem in drugim oblikam zabave, ki jim preprečujejo posvečevati Gospodov dan. In če so preganjani od družinskih članov ali nadrejenih na delovnem mestu, medtem ko vodijo duhovno življenje v veri, nemudoma prenehajo obiskovati cerkev. Deležni so velike milosti in nekaj časa vodijo na pogled strastno življenje v veri, vendar če se zapletejo v spor z drugimi verniki v cerkvi, so hitro užaljeni in kmalu zapustijo cerkev.

Kaj je potem razlog, da seme Božje besede ne požene korenin? Ta razlog so 'kamni' v srcu. Meso srca je simbolično predstavljeno s 'kamni' in dejansko gre za neresnice, ki jim onemogočajo, da bi bili poslušni Božji besedi. Med številnimi neresnicami so prav te neresnice tako trdovratne, da lahko preprečijo rast korenin Božje besede. Povedano natančneje, gre za meso srca, ki ljubi ta svet.

Ko ljudje ljubijo določeno obliko posvetne zabave, jim je težko izpolnjevati Božjo besedo, ki jim pravi, da morajo posvečevati Gospodov dan. Prav tako tisti, ki imajo kamen pohlepa v svojem srcu, ne obiskujejo cerkve, saj sovražijo cerkvene desetine in darovanje Bogu. Nekateri nosijo tudi kamne sovraštva v svojih srcih, zato beseda ljubezni ne more pognati korenin.

Tudi med tistimi, ki redno obiskujejo cerkev, imajo nekateri srce, ki je kakor kamnita tla. Čeprav so bili rojeni in vzgajani v krščanskih družinah in poznajo Božjo besedo že iz otroštva, ti ljudje ne živijo po Božji besedi. Doživeli so Svetega Duha in občasno prejeli milost, a vseeno niso odpravili ljubezni do sveta. Pri poslušanju Božje besede sicer razmišljajo, da ne bi smeli tako živeti, a ko se vrnejo domov, nemudoma nadaljujejo s posvetnim življenjem. Svoja življenja vodijo z eno nogo na strani Boga in z drugo nogo na strani sveta. Sicer poznajo Božjo besedo, zato ne zapustijo Boga, a kljub temu nosijo veliko kamnov v svojem srcu, ki onemogočajo, da bi Božja beseda pognala korenine.

Omeniti velja tudi, da so nekatera kamnita tla le delno kamnita. Nekateri ljudje so na primer zvesti, stanovitni in obrodijo določene sadove. A vendar imajo sovraštvo v srcu, zato iščejo konflikte z drugimi ljudmi. Sodijo in obsojajo druge ter tako prelomijo mir povsod. Iz tega razloga še po več letih ne obrodijo sadu ljubezni niti sadu krotkosti. Medtem pa imajo drugi krotka in dobra srca. Uvidevni in razumevajoči so do drugih ljudi, vendar pa niso zvesti, zato pogosto prelomijo svoje obljube in so splošno neodgovorni. Da bi preorali svoje srčno polje v dobro zemljo, morajo najprej odpraviti svoje pomanjkljivosti.

In kako lahko preorjemo kamnita tla?

Kot prvo moramo marljivo slediti Božji besedi. Nek vernik si prizadeva izpolnjevati svoje dolžnosti v poslušnosti Božji besedi, ki nam narekuje, da moramo biti zvesti. Toda to ni tako preprosto, kot si je ta vernik mislil.

Kot novemu članu cerkve, ki ni zasedal nobenega položaja, so ljubeče služili drugi cerkveni člani. A zdaj se je naenkrat znašel v položaju, ko mora sam služiti novim članom cerkve. Trudi se po svojih močeh, vendar goji zamere, kadar sodeluje z nekom, ki se ne strinja z njegovim načinom dela. Te zamere in vzkipljivost bruhata naravnost iz njegovega srca. Postopoma tako izgubi polnost Duha in začne razmišljati, da bi opustil svoje dolžnosti.

Ta negativna čustva predstavljajo kamenje, ki ga mora odstraniti iz svojega srčnega polja. Negativna čustva izvirajo iz velikega kamna, imenovanega 'sovraštvo'. Ko si prizadeva izpolnjevati Božjo besedo, biti zvest, je soočen s tem kamnom 'sovraštva'. In ko odkrije ta kamen, ga mora napasti in izkoreniniti. Šele takrat bo lahko poslušen Božji besedi, ki nam pravi, da moramo ljubiti in ohranjati mir. Vsekakor pa ne sme nikoli obupati, temveč se mora še bolj čvrsti oprijeti svojih dolžnosti in jih izpolnjevati s strastjo. Na ta način se bo spreobrnil v krotkega delavca.

Kot drugo pa moramo goreče moliti, medtem ko sledimo Božji besedi. Ko na zemljo zapade dež, ta postane vlažna in mehka. To predstavlja lepo priložnost za odstranitev kamenja. In ravno tako kadar molimo, postanemo polni Duha in naše srce se omehča. Te priložnosti ne smemo zamuditi. Hitro moramo odstraniti kamenje. Nemudoma moramo začeti izpolnjevati stvari, ki jih pred tem nismo zmogli. Skozi ta proces bomo sčasoma zrahljali in odstranili tudi tiste največje kamne, globoko v našem srcu. Ko prejmemo milost in moč od Boga od zgoraj, in ko prejmemo polnost Svetega Duha, lahko izkoreninimo grehe in hudobijo, ki ju nismo mogli izkoreniniti po lastni volji.

Trnato polje ne rodi sadov zaradi posvetnih skrbi in zapeljivosti bogastva

Če posadimo semena na trnatem polju, bodo ta morda vzklila in zrasla, a zaradi trnja ne bodo obrodila sadov. In podobno tisti, ki imajo srce kakor trnato polje, verujejo in se trudijo izpolnjevati Božjo besedo, a so pri tem neuspešni. Ovirajo jih namreč skrbi tega sveta in zapeljivosti bogastva oziroma pohlep po denarju, slavi in oblasti. Iz tega razloga živijo v bedi in preizkušnjah.

Četudi obiskujejo cerkev, so takšni ljudje nenehno zaskrbljeni zaradi fizičnih stvari, kot so hišna opravila, posel, ali njihova služba prihodnji dan. Pri bogoslužju v cerkvi bi morali pridobiti uteho in novih moči, a vendar jim ostaja le vedno več skrbi in pomislekov. Posledično, čeprav preživljajo vse nedelje v cerkvi, ne morejo okusite resničnega veselja in miru ob posvečevanju Gospodovega dne. Če bi resnično posvečevali nedelje, bi šlo njihovim dušam dobro ter bi prejeli duhovne in materialne blagoslove. Tako pa ne morejo prejeti tovrstnih blagoslovov. Da bi pridobili dobro srčno zemljo, morajo najprej odstraniti trnje in začeti izpolnjevati Božjo besedo.

In kako lahko preorjemo trnato polje?

Izvleči moramo trnje pri korenini. Trnje simbolizira mesene misli, njegove korenine pa hudobijo in mesene odlike srca. Ta hudobija in mesene lastnosti srca sta hkrati vir mesenih misli. Če odsekamo veje trnatega grmičevja, se bo le-to ponovno razraslo. In enako kadar se odločimo zadušiti mesene misli, bomo pri tem neuspešni, dokler nosimo hudobijo v naših srcih. Najprej moramo izvleči meso iz srca pri njegovi korenini.

Če med vsemi različnimi koreninami izvlečemo korenine, imenovane pohlep in prevzetnost, bomo s tem v veliki meri odstranili meso iz našega srca. Zaradi pohlepa po mesenih stvareh smo namreč tesno povezani s svetom in se obremenjujemo s posvetnimi stvarmi. Zaradi tega nenehno iščemo lastne koristi in sledimo po svoji poti, četudi pri tem trdimo, da živimo po Božji besedi. Tudi prevzetnost nam onemogoča, da bi bili poslušni.

Pogosto smo prepričani v svoje sposobnosti, zato zaupamo v posvetno modrost in mesene misli. Prav zato moramo najprej izvleči te korenine, imenovane pohlep in prevzetnost.

Obdelajte dobro zemljo

Ko posadimo semena v dobro zemljo, ta vzklijejo, zrastejo in obrodijo 30, 60 ali 100 krat več sadov. Kdor ima tovrstno srčno polje, ne skriva samopravičnosti in egocentričnosti, kot to velja za ljudi s srcem kakor obcestje. Ta človek nima nobenih kamnov ali trnja in posledično je poslušen na Božjo besedo samo z 'da' in 'amen'. Tako lahko tudi obrodi obilne sadove.

Seveda pa je težko jasno razlikovati med obcestjem, kamnitimi tlemi, trnatim poljem in dobro zemljo človekovega srca, saj tega ne gre preprosto izmeriti. Obcestno srce lahko denimo vključuje predel kamnite zemlje. In celo dobra zemlja lahko pri procesu rasti sprejme določene neresnice, ki so kakor kamenje. Toda ne glede na vrsto polja, lahko le-tega preoblikujemo v dobro zemljo, če le marljivo orjemo. Pravzaprav je še bolj kot oblika našega srčnega polja pomembno, kako marljivo orjemo to naše polje.

Tudi grobo neplodno zemljo lahko obdelamo v dobro zemljo, če jo zelo marljivo orjemo. In enako lahko z Božjo močjo preoblikujemo srčno polje človeka. Celo otrdela srca, ki so kakor obcestje, lahko preorjemo s pomočjo Svetega Duha.

Seveda pa prejetje Svetega Duha še ne pomeni nujno, da se bodo naša srca spreobrnila kar sama od sebe. Pri tem je potreben tudi naš trud. Goreče moramo moliti, vselej razmišljati samo znotraj resnice in si prizadevati izpolnjevati to resnico. Nikar ne smemo obupati po nekaj tednih ali mesecih, temveč se moramo še naprej truditi.

Bog upošteva naš trud, nas blagoslovi s Svojo milostjo in močjo ter pomočjo Svetega Duha. Če se zavedamo, kaj moramo spremeniti, in te lastnosti dejansko spremenimo po milosti in moči Boga ter ob pomoči Svetega Duha, potem se bomo zagotovo spreobrnili po enem letu. Sledili bomo resnici in govorili dobre besede, in naše misli se bodo spremenile v dobre misli, ki bodo izvirale iz resnice.

Do te mere, do katere preorjemo srčno polje v dobro zemljo, bomo tudi obrodili sadove Svetega Duha v nas. Še zlasti krotkost je tesno povezana z naravo našega srčnega polja. V kolikor ne izvlečemo različnih neresnic, kot so vzkipljivost, sovraštvo, zavist, pohlep, jeza, bahanje in samopravičnost, ne moremo doseči krotkosti. Posledično druge duše ne bodo mogle najti počitka pri nas.

Iz tega razloga je krotkost bolj neposredno povezana s svetostjo kot drugi sadovi Svetega Duha. Če vzgojimo duhovno krotkost, bomo nemudoma prejeli vse, za kar bomo prosili v molitvi, podobno kot dobra zemlja rodi sadove. Poleg tega bomo jasno slišali glas Svetega Duha, ki nas bo vodil k uspehu na vseh področjih v življenju.

Blagoslovi za krotke

V poslu ni enostavno voditi podjetje, ki zaposluje več sto delavcev. Tudi če ste postali vodja določene skupine po volitvah, je izredno težko voditi celotno skupino. Da bi lahko združili tolikšno število ljudi in jih uspešno vodili, je potrebno najprej osvojiti njihova srca skozi duhovno krotkost.

Seveda ljudje pogosto sledijo vplivnim ali bogatim ljudem in na prvi pogled pomagajo pomoči potrebnim na tem svetu. Toda korejski pregovor pravi: "Ko premine ministrov pes, se usuje cel plaz žalujočih, a ko premine minister sam, ni na spregled nobenega žalujočega." Kot pravi pregovor, lahko odkrijemo, ali je neka oseba resnično velikodušna šele takrat, ko ta izgubi svoj vpliv in bogastvo. Ko je človek bogat in vpliven, mu ljudje sledijo, pri tem pa je težko najti takšnega, ki bi mu sledil vse do konca tudi potem, ko je izgubil vpliv in bogastvo.

Medtem pa tistemu, ki ga krasi krepost in velikodušnost, ljudje dejansko sledijo ne glede na okoliščine in tudi če je izgubil svoj vpliv in bogastvo. Ne sledijo mu namreč zaradi finančnih koristi, pač pa v njem iščejo počitek.

Celo v cerkvi je nekaterim voditeljem težko, ker se niso sposobni sprijazniti zgolj s peščico članov njihove celice. Toda če želijo doseči versko obnovo v njihovi skupini, morajo najprej vzgojiti krotko srce, ki je mehko kot bombaž. Takrat bodo člani našli počitek v svojih voditeljih, uživali bodo mir in srečo, zato bo obnova avtomatično sledila. Pastorji in duhovniki morajo biti izredno krotki in znati sprejemati številne duše.

Krotki so deležni bogatih blagoslovov. Matej 5:5 pravi: "Blagor krotkim, kajti deželo bodo podedovali." Kot že rečeno, dedovanje dežele ne pomeni, da bomo prejeli posestvo tukaj na tem svetu, pač pa ga bomo prejeli v nebesih, in sicer v skladu s tem, kako uspešno smo vzgojili duhovno krotkost v našem srcu. V nebesih bomo prejeli dovolj veliko hišo, da bomo lahko vanjo povabili vse duše, ki so našle počitek v nas.

Veliko bivališče v nebesih pa hkrati pomeni, da bomo zasedali zelo časten položaj. Tudi če si na Zemlji lastimo veliko zemljišče, le-tega ne moremo vzeti s seboj v nebesa. Medtem pa zemljišče, ki ga prejmemo v nebesih, potem ko smo vzgojili krotko srce, predstavlja našo dediščino, ki ne bo nikoli izginila. V tem našem bivališču bomo uživali večno srečo, skupaj z Gospodom in našimi ljubljenimi.

Zato iskreno upam, da boste marljivo orali vaše srce in obrodili čudovit sad krotkosti ter podedovali tako velik kos dežele v nebeškem kraljestvu, kot ga je podedoval Mojzes.

1 Korinčanom 9:25

"Vsak tekmovalec pa se vsemu odreče, ôni, da prejmejo venec, ki ovene, mi pa nevenljivega."

Zoper te stvari ni postave

10. poglavje

Samoobvladanje

Samoobvladanje je potrebno na vseh področjih življenja
Samoobvladanje - temeljni kamen za Božje otroke
Samoobvladanje izpopolnjuje sadove Svetega Duha
Dokazi, da smo obrodili sad samoobvladanja
Če želite obroditi sad samoobvladanja

Samoobvladanje

Maraton je dolg 42.195 km. Da bi dosegli ciljno črto, morajo tekači prilagajati tempo. Ne gre namreč za tekmo na kratke razdalje, ki bi se hitro končala, zato tekači ne smejo teči s polno hitrostjo. Ves čas morajo ohranjati zmeren tempo, zadnje atome moči pa iztisniti šele na določeni točki od cilja.

Enak princip velja v našem življenju. Da bi dosegli zmago, moramo do konca ostajati zvesti v naši dirki vere in dobiti svojo notranjo bitko. Povrh tega mora vsak, ki želi prejeti veličanske vence v nebeškem kraljestvu, znati izvrševati samoobvladanje na vseh področjih.

Samoobvladanje je potrebno na vseh področjih življenja

V tem svetu lahko jasno vidimo, kako si ljudje brez samoobvladanja otežujejo življenja. Na primer, kadar starši gojijo preveč ljubezni do svojega sina samo zato, ker je edinec, se pogosto zgodi, da je otrok razvajen. Spet drugi primer so ljudje, ki se dobro zavedajo, da morajo skrbeti za svoje družine, a vendar povzročijo razpad družine, ker nimajo samoobvladanja zaradi odvisnosti od kockanja ali drugih oblik zabave. "Tokrat je zadnjič. Opustil bom svojo odvisnost," vsakič znova trdijo, vendar se ta 'zadnjič' nato ponavlja brez konca in kraja.

V znanem kitajskem zgodovinskem romanu z naslovom Romanca treh kraljestev Zhang Fei kar kipi od ljubezni in hrabrosti, a je hkrati vzkipljiv in agresiven. Liu Bei in Guan Yu, ki prisegata v bratovščino z njim, sta ves čas v skrbeh, saj je Zhang nagnjen k napakam. Zhang sicer prejema veliko nasvetov, a v resnici ne more spremeniti svojega značaja in to naposled privede do njegove smrti. Grdo namreč pretepe in prebiča svoje podrejene, ki niso izpolnili njegovih pričakovanj, in to dejanje mu dva moža, ki sta bila po njunem mnenju po krivem kaznovana, zamerita in ga umorita.

In ravno tako tisti, ki ne nadzirajo svojega razpoloženja, redno prizadenejo čustva ljudi doma in na delovnem mestu. Pravzaprav jim je preprosto zanetiti sovraštvo med njimi in drugimi, zato tudi niso uspešni v življenju. Medtem pa modri ljudje prevzemajo krivdo na svoja pleča in so potrpežljivi z drugimi tudi v konfliktnih situacijah. Tudi kadar drugi delajo velike napake, znajo brzdati čustva in potolažiti srca drugih ljudi. Tovrstna dejanja so modra dejanja, ki osvajajo srca številnih ljudi in jim pomagajo do uspešnega življenja.

Samoobvladanje - temeljni kamen za Božje otroke

Božji otroci že v sami osnovi potrebujemo samoobvladanje, da bi lahko odpravili grehe. Manj ko imamo samoobvladanja, težje bomo odpravili grehe. Ko poslušamo Božjo besedo in prejmemo Božjo milost, smo trdno odločeni v spreobrnitev, vendar nas lahko kljub temu svet ponovno premami.

To je razvidno iz besed, ki prihajajo iz naših ust. Veliko ljudi moli, da bi bile njihove besede svete in popolne. Toda skozi čas pozabijo na svojo molitev in začnejo govoriti po lastnih željah in starih navadah. Kadar so priča nečemu, kar težko razumejo in je v nasprotju z njihovimi prepričanji, se ljudje hitro pritožijo.

Kasneje to morda obžalujejo, vendar se preprosto ne znajo nadzorovati, ko njihova čustva privrejo na plan. Poleg tega nekateri tako radi govorijo, da se ne znajo ustaviti, ko enkrat spregovorijo prvo besedo. In pri tem ne znajo ločiti med besedami resnice in neresnice, kaj lahko govorijo in česar ne bi smeli govoriti, in posledično počnejo veliko napak.

Že sam proces nadzorovanja naših besed jasno priča o tem, kako pomembno je samoobvladanje.

Samoobvladanje izpopolnjuje sadove Svetega Duha

Sad samoobvladanja kot eden od sadov Svetega Duha se ne nanaša zgolj na samoobladanje pred grešenjem. Samoobvladanje kot eden od sadov Svetega Duha hkrati vrši nadzor nad preostalimi sadovi Svetega Duha in jih izpopolnjuje. Iz tega razloga je prvi sad Duha ljubezen in zadnji samoobladanje. Samobvladanje je relativno manj opazno kot drugi sadovi, vendar je izredno pomembno. Nadzira namreč prav vse stvari ter prinaša stabilnost, organizacijo in konkretnost. Ravno zato je tudi omenjeno kot zadnje med vsemi sadovi Duha, saj se preostali sadovi izpopolnjujejo skozi samoobvladanje.

Na primer, četudi gojimo sad veselja, le-tega ne moremo kar tako izraziti kjerkoli kadarkoli. Kaj bodo ljudje menili o vas, če imate velik nasmešek na obrazu, medtem ko drugi žalujejo na pogrebu? Zagotovo vas ne bodo označili za dostojnega, češ da vzgajate sad veselja. Čeprav je veselje ob prejetju odrešenja neizmerno, moramo veselje obvladovati v skladu z okoliščinami. Samo tako lahko obrodimo resničen sad Svetega Duha.

Samoobvladanje je pomembno tudi pri naši zvestobi do Boga. Še posebej, če opravljate veliko dolžnosti, morate ustrezno razporediti vaš čas, da boste lahko prisotni ob pravem času na pravem mestu. Tudi ko je določeno srečanje izredno radostno, ga morate končati, ko je to treba. Zato tudi potrebujemo sad samoobvladanja, da bi bili zvesti v vsej Božji hiši.

Enako je z vsemi ostalimi sadovi Svetega Duha, vključno z ljubeznijo, usmiljenjem, dobroto, itd. Ko se sadovi, ki smo jih obrodili v srcu, pokažejo v dejanjih, moramo slediti vodstvu in glasu Svetega Duha, da bi bilo naše vedenje najbolj primerno. Pri delu lahko damo prednost določenim opravilom in prestavimo druga na kasnejši čas. Določimo lahko, ali naj gremo naprej oziroma storimo korak nazaj. Vse te oblike presojanja nam omogoča sad samoobvladanja.

Če je nekdo v celoti obrodil vse sadove Svetega Duha, to

pomeni, da sledi poželenjem Svetega Duha pri vseh rečeh. Zato potrebujemo sad samoobvladanja, da bi lahko sledili poželenjem Svetega Duha in vselej ravnali na popoln način. Zato tudi pravimo, da so vsi sadovi Svetega Duha dopolnjeni skozi ta sad samoobvladanja, ki je zadnji od sadov Duha.

Dokazi, da smo obrodili sad samoobvladanja

Ko se ostali sadovi Svetega Duha kažejo navzven, postane sad samoobvladanja kot nekakšen arbitražni center, ki skrbi za harmonijo in red. Tudi kadar vzamemo nekaj, kar je dobro v Gospodu, ni vedno najbolje vzeti vsega, kar lahko. Ljudje pravijo, da je presežek določene stvari slabše od primanjkljaja te iste stvari. Tudi v duhu moramo vse početi zmerno in pri tem slediti poželenjem Svetega Duha.

No, naj vam v nadaljevanju pojasnim, kako se sad samoobvladanja kaže navzven.

Prvič - vsclej sledimo redu oz. hierarhiji

Če se zavedamo našega položaja v hierarhiji, bomo dobro vedeli, kdaj moramo ukrepati in kakšne besede smemo izgovarjati. Na ta način ne bo prihajalo do nesoglasij, prerekanj ali nesporazumov. Prav tako na bomo naredili ničesar neprimernega ali česarkoli, kar bi presegalo omejitve našega položaja. Predpostavimo na primer, da voditelj skupine misijonarjev naloži določeno delo upravitelju. Toda ta je poln strasti in čuti, da ima boljšo zamisel, zato opravi delo po svoji lastni presoji. Potem velja, da čeprav je vložil toliko strasti v delo, ni sledil hierarhiji in ni izpolnil navodil zaradi pomanjkanja samoobvladanja.

Bog nas visoko ceni, kadar sledimo hierarhiji v skladu z našim položajem znotraj misijonske skupine v cerkvi, bodisi smo predsednik, podpredsednik, upravitelj, tajnik ali zakladnik. Naši voditelji lahko imajo drugačen način dela od našega. In čeprav se naš način zdi boljši in bi najverjetneje prinesel več sadov, ne bomo obrodili dobrega sadu, v kolikor prelomimo red in mir. Satan namreč vselej ukrepa, kadar je prelomljen mir, in posledično bo Božje delo propadlo. Razen v primeru popolne neresnice, moramo vselej pomisliti na celotno skupino, se podrediti in iskati mir, da bi bilo vse čudovito opravljeno.

Drugič - tudi kadar naredimo kaj dobrega, znamo upoštevati vsebino, čas in lokacijo

Klicati v molitvi je nekaj dobrega, vendar če to počnete na neki naključni lokaciji brez preudarnosti, boste morda osramotili Boga. Prav tako, ko pridigate evangelij ali obiščete cerkvene člane, da bi jim nudili duhovno vodenje, morate znati pazljivo izbirati besede. Četudi razumete določene globoke duhovne stvari, jih ne smete razkriti kar vsakomur, kajti če boste pridigali o nečem, kar presega mero vere poslušalca, boste v spotiko temu človeku, ali pa bo začel soditi in obsojati druge.

V določenih primerih lahko tak posameznik deli svoje pričevanje oziroma napačno duhovno dojemanje z ljudmi, ki so zaposleni z drugimi deli. Čeprav je vsebina izredno dobra, mu ne bo uspelo poučiti ljudi, v kolikor tega ne stori v primerni situaciji. Iz vljudnosti ga bodo ljudje sicer poslušali, vendar ne bodo pozorni na njegovo pričevanje, ker so nervozni in zaposleni z drugimi rečmi. Naj vam opišem še en drug primer. Ko se zbere celotna župnija oz. ko svetujem skupini ljudi, kaj se bo zgodilo na takšnem srečanju, če določena oseba kar naprej glasno podaja svoja pričevanja? Tak človek sicer poveličuje Boga, ker je poln milosti in Duha, vendar pa je osebno potrošil ves čas, ki je bil namenjen za vso skupino. Do tega pride zaradi pomanjkanja samoobvladanja. Čeprav počnete nekaj zelo dobrega, morate upoštevati okoliščine in izvajati samoobvladanje.

Tretjič - nikoli nismo nepotrpežljivi in ne hitimo, pač pa smo umirjeni in znamo razsodno reagirati v vsaki situaciji

Kdor nima samoobvladanja, je nepotrpežljiv in neuvideven do drugih. Vedno hiti, zato ima manj razsodnosti in posledično spregleda določene pomembne stvari. Prenagljeno sodi in obsoja ljudi, kar povzroča nelagodje. Nepotrpežljivi ljudje prav tako počnejo veliko napak pri pogovoru z drugimi. Ko nekdo govori, ga ne smemo nepotrpežljivo prekiniti. Previdno moramo poslušati do konca, da bi se izognili prenaglim sklepom. Na ta način bomo razumeli namero sogovorca in se znali primerno odzvati.

Preden je prejel Svetega Duha, je bil Peter nepotrpežljiv in zgovoren po značaju. Obupno si je prizadeval obvladati samega sebe pred Jezusom, a je kljub temu njegov značaj včasih izbruhnil. Ko je Jezus Petru razkril, da ga bo ta zanikal pred križanjem, je Peter nemudoma ovrgel te Jezusove besede, rekoč, da ne bi nikoli zanikal Gospoda.

Če bi Peter obrodil sad samobvladanja, ne bi oporekal Jezusu, temveč bi poskušal najti primeren odgovor. Če bi resnično veroval, da je Jezus Božji Sin, in da Jezus nikoli ne izreče ničesar praznega, bi ohranil Jezusove besede v svojih mislih. Na ta način bi lahko bil dovolj previden in bi se končalo povsem drugače. Primerna razsodnost, ki nam omogoča pravilno reagirati, izhaja iz samoobvladanja.

Judje so bili izredno ponosni nase in na dejstvo, da striktno izpolnjujejo postavo Boga. A ko je Jezus okaral farizeje in saduceje, ki so bili politični in verski voditelji, so Mu Judje to zamerili. Še posebej, ko je Jezus razkril, da je Božji Sin, so to smatrali za bogokletstvo. Tisti čas se je približeval judovski šotorski praznik. Pred žetvijo so postavili šotore v spomin na eksodus in v zahvalo Bogu. Ljudje so običajno odšli v Jeruzalem in tam praznovali.

Vendar Jezus ni odšel v Jeruzalem, čeprav se je bližal šotorski praznik in čeprav so ga Njegovi bratje spodbujali, naj obišče Jeruzalem, izvaja čudeže in Se pokaže svetu, da bi pridobil podporo ljudstva (Janez 7:3-5). Dejali so: "Nihče ne dela česa na skrivnem, če hoče sam biti znan" (4. vrstica). Četudi se nekaj zdi smiselno, to nima nobene povezave z Bogom, v kolikor ni skladno z Njegovo voljo. Celo Jezusovim bratom se zaradi njihovih lastnih misli ni zdelo pravilno, ko so videli Jezusa tiho čakati, da napoči Njegov čas.

Če Jezus ne bi imel samoobvladanja, bi nemudoma odšel v Jeruzalem in se tam razodel. Tako pa je Jezus ostal neomajen ob besedah Njegovih bratov. Preprosto je čakal na primeren trenutek in na razkritje Božje previdnosti. Šele nato je potihoma in neopaženo odšel v Jeruzalem. Tako je ravnal v skladu z Božjo voljo, saj je natančno vedel, kdaj mora iti in kdaj ostati.

Če želite obroditi sad samoobvladanja

Ko klepetamo z drugimi, se njihove besede pogosto ne skladajo z občutki njihovega notranjega srca. Nekateri poskušajo razkriti napake drugih ljudi, da bi prikrili svoje lastne napake. Včasih tudi prosijo za neko stvar, da bi potešili svoj pohlep, a to storijo na način, kot bi šlo za prošnjo v imenu nekoga drugega. Pri njihovih vprašanjih se sprva zdi, da želijo razumeti Božjo voljo, vendar v resnici iščejo odgovor, kakršnega si sami želijo. Kljub temu pa se njihova srca naposled vedno razkrijejo, ko se mirno pogovarjamo z njimi.

Ljudje, ki gojijo samoobvladanje, niso zlahka pretreseni zaradi besed drugih ljudi. V miru namreč poskušajo druge in znajo razsoditi resnico s pomočjo Svetega Duha. In ko tako razsojajo s samoobvladanjem, lahko razrešijo številne napake, ki so nastale kot rezultat napačnih odločitev. Njihove besede nosijo oblast in težo, zato imajo toliko večji vpliv na druge ljudi. In kako lahko obrodimo ta nadvse pomemben sad samoobvladanja?

Prvič - potrebujemo neomajno srce

Vzgojiti moramo resnična srca, ki ne skrivajo laži ali premetenosti. Tako bomo imeli moč, ko bomo lahko dosegli vse, za kar se odločimo. Seveda pa ne moremo vzgojiti tovrstnega srca kar čez noč. Neprenehoma se moramo uriti in ohranjati naša srca neomajna že pri najmanjših stvareh.

Živel je nek mojster, ki ga je spremljalo veliko vajencev. Nekega dne so se sprehajali po trgu, ko so se zapletli v spor s trgovci, saj so ti dobili napačno predstavo o njih. Učenci so bili besni in so se začeli prerekati, medtem ko je mojster ostajal miren. Ko so se vrnili domov s trga, je iz omare potegnil sveženj pisem z vsebino, ki je bila izredno kritična do njega.

Pokazal jim je pisma in rekel: "Ne morem preprečiti, da me

ljudje ne bi napačno razumeli. Ampak jaz se preprosto ne zmenim za to. Ne morem se izogniti prvi umazanosti, ki je usmerjena proti meni, lahko pa se izognem drugi umazanosti, ki bi jo storil sam."

Prva umazanost tukaj pomeni, da postanete predmet obrekovanja s strani drugih ljudi. Druga umazanost pa predstavlja neprijetna čustva, zaradi katerih se vpletemo v prepir zaradi tovrstnega obrekovanja.

Če vzgojimo srce, kakršno je imel ta mojster, nas ne bo pretresla nobena situacija, temveč bomo ohranili mirno srce in naša življenja bodo potekala v miru. Kdor zna tako ohraniti mirno srce, se zna obvladovati v vseh okoliščinah. In do te mere, do katere izkoreninimo različne oblike hudobije, kot so sovraštvo, zavist in ljubosumje, nam bo Bog zaupal in nas ljubil.

Stvari, ki so me jih starši naučili v otroštvu, so mi bile v veliko pomoč tudi pri mojem pastoralnem duhovništvu. Naučili so me primernega načina izražanja, hoje ter pravilnih manir in obnašanja, zato sem znal ohraniti neomajno srce in se obvladovati. Ko enkrat sprejmemo odločitev, moramo pri tem vztrajati in je ne smemo spreminjati, da bi se okoristili. Po tovrstnih prizadevanjih bomo naposled vzgojili neomajno srce in pridobili moč samoobvladanja.

Drugič - naučiti se moramo slediti poželenjem Svetega Duha in temu dajati prednost pred lastnim mnenjem

V tolikšni meri, kot smo osvojili Božjo besedo, nam Sveti Duh omogoča slišati Njegov glas skozi to Božje besedo, ki smo jo spoznali. Tudi če nas po krivem obtožijo, nam Svetu Duh narekuje odpustiti in ljubiti. Takrat lahko pomislimo: 'Ta oseba ima gotovo razlog za svoje ravnanje. Na prijateljski način ga bom poskušal usmeriti proč od njegovega napačnega razmišljanja.' Če pa naše srce več skriva več neresnic, bomo najprej slišali glas Satana. 'Če ga pustim pri miru, me bo še naprej zaničeval. Moram mu odčitati lekcijo.' In četudi slišimo glas Svetega Duha, bomo le-tega prezrli, saj bo prešibak v primerjavi z neustavljivimi hudobnimi mislimi.

Glas Svetega Duha lahko potemtakem slišimo le takrat, kadar izpolnjujemo Božjo besedo in marljivo odpravimo neresnice, ki so zakoreninjene v našem srcu. Ko bomo poslušni celo na tisti najšibkejši glas Svetega Duha, bomo postopoma vse glasneje slišali ta Njegov glas. Vedno moramo najprej prisluhniti glasu Svetega Duha, namesto tistemu, kar se nam zdi bolj pomembno in primerno. In nato moramo biti poslušni na Njegov glas in Njegove spodbude. Skozi ta proces urjenja poslušnosti poželenjem Svetega Duha bomo naposled zaznali tudi najšibkejši glas Svetega Duha. Takrat bomo zaživeli v popolni harmoniji.

Na nek način se morda zdi, da je samoobvladanje najmanj izrazita lastnost med vsemi devetimi sadovi Svetega Duha. Ampak samoobvladanje igra bistveno vlogo, saj vendar nadzoruje vseh preostalih osem sadov Svetega Duha: ljubezen, veselje, mir, potrpežljivost, blagost, dobrotljivost, zvestoba in krotkost. Teh osem sadov je lahko izpopolnjenih samo ob pomoči sadu samoobvladanja, in iz tega razloga je ta zadnji sad samoobvladanja tako pomemben.

Vsak od teh sadov Svetega Duha je bolj dragocen in bolj čudovit od vseh dragih kamnov tega sveta. In če obrodimo sadove Svetega Duha, bodo uslišane vse naše molitve in bomo uspešni na vseh področjih življenja. Manifestirali bomo moč in oblast Luči ter tako razodevali Božjo slavo na tem svetu. Zato iskreno upam, da boste hrepeneli po teh sadovih Svetega Duha bolj kot po vsem bogastvu tega sveta, in da jih naposled tudi obrodite.

Galačanom 5:22-23

"Sad Duha pa je:

ljubezen, veselje, mir, potrpežljivost,

blágost, dobrotljivost, zvestoba, krotkost, samoobvladanje.

Zoper te stvari ni postave."

11. poglavje

Zoper te stvari ni postave

Vi ste namreč poklicani k svobodi
Žívite v Duhu
Prvi od devetih sadov je ljubezen
Zoper te stvari ni postave

Zoper te stvari ni postave

Apostol Pavel je Judom postal kakor Jud, in napotil se je v Damask, da bi aretiral tamkajšnje kristjane. Toda na poti je srečal Gospoda in se pokesal. Sprva se ni zavedal resnice evangelija, po katerem je vsak človek rešen skozi vero v Jezusa Kristusa, vendar ko je prejel dar Svetega Duha, je začel oznanjati evangelij poganom pod vodstvom Svetega Duha.

Devet sadov Svetega Duha je opisanih v 5. poglavju knjige Galačanom, ki je ena od Pavlovih pisem. Če poznamo razmere tistega časa, bomo razumeli tudi razloge, zakaj je Pavel napisal pismo Galačanom in kako pomembno je to pismo za kristjane, ko si prizadevajo obroditi sad Duha.

Vi ste namreč poklicani k svobodi

Na svojem prvem misijonskem potovanju se je Pavel odpravil v Galatijo. V tamkajšnji shodnici pa ni pridigal o Mojzesovi postavi in obrezovanju, temveč izključno samo o evangeliju Jezusa Kristusa. Njegove besede so bile podkrepljene s čudeži in mnogi so pridobili odrešenje. Verniki v galačanski cerkvi so Pavla tako vzljubili, da bi si — če bi bilo to mogoče — iztaknili lastne oči in jih podarili Pavlu.

Po končanem prvem misijonskem potovanju se je Pavel vrnil v Antiohijo, ko so se v tamkajšnji cerkvi vneli nemiri. Skupina ljudi je prišla iz Judeje in so trdili, da se morajo pogani obrezati po Mojzesovem običaju, da bi lahko prejeli odrešenje. Med Pavlom in Barnabom je prišlo do silovitega spora.

Bratovščina je sklenila poslati Pavla, Barnaba in skupino drugih bratov v Jeruzalem na posvet z apostoli in starešinami. Čutili so namreč, da je potrebno sprejeti pravo odločitev glede Mojzesove postave in oznanjevanja evangelija poganom v cerkvah Antiohije in Galatije.

15. poglavje Apostolskih del opisuje dogajanje pred in po zboru apostolov v Jeruzalemu, in po tem lahko sklepamo, kako zelo resna je bila situacija. Apostoli, ki so bili Jezusovi učenci, ter starešine in cerkveni predstavniki so po razgretih razpravah sklenili, naj se pogani ne omadežujejo s tem, kar je darovano malikom, naj se vzdržijo nečistovanja ter mesa zadavljenih živali in krvi.

Tedaj so apostoli in starešine izbrali dva moža in ju skupaj s Pavlom in Barnabom poslali v Antiohijo, da bi tamkajšnjemu vodstvu vročili uradno pismo zbora. Antiohija je namreč veljala za nekakšno središče evangelizacije poganov. Poganom so omogočili določeno svobodo pri izpolnjevanju Mojzesove postave, saj bi bilo zanje zelo težko izpolnjevati postavo na način, kot so to počeli Judje. Na ta način so lahko pogani lažje dosegli odrešenje z vero v Jezusa Kristusa.

Apostolska dela 15:28-29 pravijo: "Sveti Duh je sklenil in mi z njim, da vam ne nalagamo nobenega drugega bremena kakor tale nujna določila: vzdržite se tega, kar je bilo žrtvovano malikom, krvi in mesa zadavljenih živali in nečistovanja. Če se boste tega varovali, boste prav ravnali. Pozdravljeni!"

Sklep zbora v Jeruzalemu je bil posredovan cerkvam, vendar pa so tisti, ki niso razumeli resnice evangelija in poti križa, še naprej poučevali, da morajo vsi verniki strogo izpolnjevati Mojzesovo postavo. Cerkve so obiskovali tudi lažni preroki, vznemirjali vernike in kritizirali apostola Pavla, ki ni učil postave.

Ko je prišlo do enega takšnih incidentov v cerkvi v Galatiji, je apostol Pavel v pismu pojasnil, kaj je resnična svoboda vsakega kristjana. Zapisal je, da je tudi sam nekoč zelo striktno izpolnjeval Mojzesovo postavo, a odkar je srečal Gospoda in postal apostol poganov, je začel pridigati o resnici evangelija, rekoč: "Rad bi izvedel od vas samo tole: ste prejeli Duha zaradi del postave ali zaradi vere v to, kar ste slišali? Tako nespametni ste? Začeli ste z Duhom, zdaj pa končujete z mesom? Ste toliko pretrpeli zaman? Ko bi vsaj bilo zaman! Mar ta, ki vam daje Duha in dela med vami čudeže, to dela zaradi del postave ali zaradi vere v to, kar ste slišali?" (Galačanom 3:2-5)

Pavel je zatrdil, da poučuje evangelij Jezusa Kristusa, ki je resnica sama, saj predstavlja razodetje od Boga, ter da poganom ni potrebno obrezovati njihovih teles, ker je najpomembnejša obreza srca. Prav tako je učil o poželenjih mesa, poželenjih Svetega Duha, ter o delih mesa in sadovih Svetega Duha. Na ta način je dal poganom vedeti, kako lahko izkoristijo svobodo, ki so jo pridobili po resnici evangelija.

Žívite v Duhu

S kakšnim razlogom je potem Bog dal Mojzesovo postavo? To je storil, ker so bili ljudje hudobni in niso prepoznali grehov kot greh. Tako jim je Bog omogočil razumeti bistvo greha, da bi lahko rešili to težavo z grehi in dosegli pravičnost Boga. Vendar težave z grehi ni bilo moč v celoti rešiti skozi dela postave in zato je Bog omogočil ljudem doseči pravičnost Boga skozi vero v Jezusa Kristusa. Pismo Galačanom 3:13-14 pravi: "Kristus pa nas je odkupil od prekletstva postave tako, da je za nas postal prekletstvo. Pisano je namreč: Preklet je vsak, kdor visi na lesu. To se je zgodilo zato, da bi Abrahamov blagoslov prešel v Kristusu Jezusu k poganom in da bi mi po veri prejeli obljubo Duha."

To pa še ne pomeni, da je bila postava razveljavljena. V Mateju 5:17 Jezus pravi: "Ne mislite, da sem prišel razvezat postavo ali preroke; ne razvezat, temveč dopolnit sem jih prišel," in v 20. vrstici nadaljuje: "Kajti povem vam: Če vaša pravičnost ne bo večja kakor pravičnost pismoukov in farizejev, nikakor ne pridete v nebeško kraljestvo."

V cerkvi v Galatiji je apostol Pavel nagovoril vernike z besedami: "Otroci moji, ki vas ponovno rojevam v bolečini, dokler ne bo v vas izoblikovan Kristus" (Galačanom 4:19), ter jim svetoval: "Vi ste namreč poklicani k svobodi, bratje. Le da vam svoboda ne bo pretveza za življenje po mesu, temveč služíte drug drugemu po ljubezni. Saj je celotna postava izpolnjena v eni zapovedi, namreč: Ljubi svojega bližnjega kakor samega sebe. Če pa se med seboj grizete in obžirate, glejte, da se med seboj ne pokončate." (Galačanom 5:13-15).

Kaj moramo storiti kot Božji otroci, ki smo prejeli Svetega Duha, da bi služili drug drugemu z ljubeznijo, dokler se v nas ne izoblikuje Kristus? Živeti moramo v Duhu in nikakor ne smemo streči poželenju mesa. Šele ko obrodimo devet sadov Svetega Duha skozi Njegovo vodenje, lahko namreč ljubimo sosede in pridobimo podobo Kristusa znotraj nas.

Jezus Kristus je navkljub Svoji nedolžnosti prevzel prekletstvo postave in umrl na križu, in posledično smo skozi Njega vsi mi prejeli svobodo. Da pa ne bi ponovno postali sužnji greha, moramo obroditi sad Duha.

Če v luči te svobode začnemo ponovno grešiti in ponovno

križamo Gospoda z deli mesa, potem ne bomo dediči Božjega kraljestva. Prav nasprotno pa, če obrodimo sad Duha, tako da živimo v Duhu, nas bo Bog varoval pred sovražnikom hudičem in Satanom. In povrh tega bomo prejeli vse, za kar prosimo v molitvi.

"Ljubi, če pa nas naše srce ne obsoja, smo z Bogom zaupni in dobimo od Njega, kar Ga prosimo, ker se držimo Njegovih zapovedi in delamo, kar Mu je všeč. To pa je Njegova zapoved, da verujemo v ime Njegovega Sina Jezusa Kristusa in se ljubimo med seboj, kakor nam je zapovedal." (1 Janez 3:21-23).

"Vemo, da nihče, ki je rojen iz Boga, ne greši, ampak ga iz Boga rojeni varuje in hudič se ga ne dotakne" (1 Janez 5:18).

Ko torej dosežemo vero, da lahko zaživimo v Duhu in se ljubimo med seboj, takrat lahko obrodimo sad Duha in uživamo resnično svobodo kot kristjani.

Prvi od devetih sadov je ljubezen

Prvi sad od devetih sadov Duha je ljubezen. Ljubezen, kot jo opisuje 13. poglavje Prvega pisma Korinčanom, je ljubezen, s katero vzgojimo duhovno ljubezen, medtem ko je ljubczen kot eden od sadov Svetega duha nekaj še večjega; brezmejna in neskončna ljubezen, ki izpolnjuje postavo. Gre za ljubezen Boga in Jezusa Kristusa. Če gojimo to ljubezen, se lahko v popolnosti žrtvujemo ob pomoči Svetega Duha.

Sad veselja lahko obrodimo v tolikšni meri kot smo vzgojili to ljubezen, nakar se bomo razveseljevali in bili zadovoljni v vseh okoliščinah. Na ta način ne bomo imeli težav z nikomer in posledično bomo obrodili sad miru.

Ko ohranjamo mir z Bogom, z nami samimi in vsemi drugimi, bomo sčasoma obrodili sad potrpežljivosti. Bog si želi oblike potrpežljivosti, ko nam sploh ni treba ničesar prenašati, saj v sebi nosimo popolno dobroto in resnico. Če nas krasi iskrena ljubezen, potem razumemo in sprejemamo vse ljudi brez vsakih zadržkov. To hkrati pomeni, da nam ni treba nikomur ničesar odpustiti ali trpeti v našem srcu.

Ko smo tako potrpežljivi z drugimi z dobroto, bomo obrodili sad blagosti. Če smo v naši dobroti potrpežljivi tudi s tistimi, ki jih ne razumemo, potem jim znamo izkazati blagost. In četudi se ti ljudje ravnajo na povsem neobičajen način, bomo razumeli njihova stališča in jih sprejemali.

Kdor obrodi sad blagosti, bo hkrati obrodil tudi dobrotljivost. Takšni ljudje smatrajo druge za boljše od sebe in si prizadevajo za interese drugih, kot tudi lastne interese. Z nikomer se ne prerekajo in nikoli ne povzdignejo glasu. V njih bije srce Gospoda, ki nalomljenega trsta ne zlomi in tlečega stenja ne ugasne. Če obrodite ta sad dobrotljivosti, ne boste vztrajali pri svojih lastnih stališčih, pač pa boste ostajali krotki in zvesti v vsej Božji hiši.

Krotki ljudje niso nikomur v spotiko in ohranjajo mir z vsemi ljudmi. Nosijo radodarno srce, zato nikomur ne sodijo in nikogar ne obsojajo, temveč razumejo in sprejemajo druge.

Da bi obrodili sadove ljubezni, veselja, miru, potrpežljivosti, blagosti, dobrotljivosti, zvestobe in krotkosti, pa najprej potrebujemo samoobvladanje. Izobilje vsega v Bogu je dobrodošlo, vendar pa morajo biti Božja dela še vedno izpolnjena na primeren način. Zato potrebujemo samoobvladanje, ko pri ničemer ne pretiravamo, čeprav gre za dobro stvar. Ko tako sledimo volji Svetega Duha, bo Bog deloval v dobro vsega.

Zoper te stvari ni postave

Tolažnik Sveti Duh vodi Božje otroke do resnice, da lahko uživajo resnično svobodo in srečo. Resnična svoboda je odrešenje pred grehi in močjo Satana, ki nam poskuša preprečiti, da bi služili Bogu in uživali srečno življenje. Svoboda je prav tako sreča, ki jo pridobimo skozi občestvo z Bogom.

Kot piše v pismu Rimljanom 8:2: "Kajti postava Duha življenja v Kristusu Jezusu te je osvobodila postave greha in smrti." Svobodo lahko pridobimo samo takrat, ko verujemo v Jezusa Kristusa v našem srcu in hodimo v Luči. Te svobode pa ni moč doseči s človeško močjo. Svobode ne moremo doseči brez milosti Boga, pri čemer gre za blagoslov, ki ga lahko uživamo neprekinjeno, dokler ohranjamo vero.

Jezus prav tako pravi v Janezu 8:32: "In spoznali boste resnico in resnica vas bo osvobodila." Svoboda je resnica in je nespremenljiva. Prinaša nam življenje in nas vodi do večnega življenja. V tem minljivem in spremenljivem svetu ni nobene resnice. Samo nespremenljiva Božja beseda je resnica. Poznati resnico pomeni poznati Božjo besedo, jo ohranjati v mislih in izpolnjevati v dejanjih.

Izpolnjevati resnico pa ni vedno preprosto. Ljudje namreč v sebi nosijo neresnice, ki so jih pridobili še preden so srečali Boga, in te neresnice jih ovirajo pri izpolnjevanju resnice. Kajti meso si želi, kar je zoper Duha, Duh pa, kar je zoper meso. Ta dva si namreč nasprotujeta, da ne bi delali tega, kar hočete (Galačanom 5:17). To predstavlja vojno za pridobitev svobode resnice. In ta vojna bo trajala, dokler ne osvojimo trdne vere in se postavimo na skalo vere, ki je ni moč zamajati.

Ko enkrat stojimo na skali vere, je precej lažje bojevati dober boj. Ko izkoreninimo vso hudobijo in postanemo posvečeni, takrat bomo končno uživali svobodo resnice. Takrat nam ne bo več treba bojevati dobrega boja, saj bomo ves čas sledili izključno samo resnici. In če po Njegovem vodstvu obrodimo sadove Svetega Duha, nam nihče ne bo mogel preprečiti uživanja v svobodi resnice.

Ravno zato pismo Galačanom 5:18 pravi: "Toda če se daste voditi Duhu, niste pod postavo." In vrstici 22-23 dodajata: "Sad Duha pa je: ljubezen, veselje, mir, potrpežljivost, blágost, dobrotljivost, zvestoba, krotkost, samoobvladanje. Zoper te stvari ni postave."

Sporočilo okrog devetih sadov Svetega Duha je kot nekakšen ključ, ki odpira vrata blagoslovov. Toda, če imamo ključ, to še ne pomeni, da se bodo vrata blagoslovov odprla kar sama. Ključ moramo dejansko vtakniti v ključavnico in jih odpreti, in enako velja za Božjo besedo. Naj še tako goreče poslušamo Božjo besedo, bomo blagoslove prejeli šele takrat, ko bomo to besedo izpolnjevali v naših dejanjih.

Matej 7:21 pravi: "Ne pojde v nebeško kraljestvo vsak, kdor Mi pravi: 'Gospod, Gospod,' ampak kdor uresničuje voljo Mojega Očeta, ki je v nebesih." Jakob 1:25 pravi: "Človek pa, ki pozorno motri popolno postavo svobode in vztraja in ne postane pozabljiv poslušalec, temveč njen dejaven uresničevalec, bo blažen v svojem delovanju."

Da bi bili deležni Božje ljubezni in blagoslovov, je izredno pomembno, da razumemo pomen sadov Svetega Duha, jih ohranjamo v mislih in nenazadnje tudi obrodimo skozi izpolnjevanje Božje besede. Če bomo v popolnosti izpolnjevali resnico in v popolnosti obrodili sadove Svetega Duha, bomo uživali resnično svobodo v resnici. Jasno bomo slišali glas Svetega Duha in bili vodeni na vseh naših poteh, zato bomo izredno uspešni v vseh pogledih našega življenja. Molim v imenu Gospoda, da bi vsi bralci uživali veliko čast tako na tej zemlji kot tudi v Novem Jeruzalemu, naši končni postojanki vere.

Avtor:
Dr. Jaerock Lee

Dr. Jaerock Lee se je rodil leta 1943 v Muanu, provinci Jeonnam, v Republiki Koreji. V svojih dvajsetih letih je polnih sedem let trpel za celo vrsto neozdravljivih bolezni in samo še čakal na smrt, brez slehernega upanja po okrevanju. Nato pa je nekega dne, spomladi leta 1974, na sestrino prošnjo obiskal cerkev in ko je pokleknil, da bi molil, ga je živi Bog v trenutku ozdravil vseh bolezni.

Vse odkar je dr. Lee skozi to čudovito izkušnjo srečal živega Boga, Ga je ljubil z vsem svojim srcem in iskrenostjo, zato je bil leta 1978 tudi poklican za Njegovega služabnika. Goreče je molil in opravil nešteto molitvenih postov, da bi razumel in v celoti izpolnjeval Božjo voljo ter sledil Božji besedi. Leta 1982 je v Seulu ustanovil centralno cerkev Manmin, v kateri se je do danes odvilo nešteto Božjih del, vključno s čudežnimi ozdravljenji, znamenji in drugimi čudeži.

Leta 1986 je bil dr. Lee posvečen za pastorja in štiri leta kasneje, leta 1990, so začeli na radiu v živo prenašati njegove pridige, in sicer v Avstraliji, Rusiji, na Filipinih in kmalu zatem tudi drugod po svetu.

Tri leta kasneje, leta 1993, je revija Christian World centralno cerkev Manmin označila za eno od petdesetih najvplivnejših cerkva na svetu, dr. Lee pa je od krščanske univerze na Floridi (ZDA) prejel častni doktorat božanskosti, leta 1996 pa nato še doktorat na teološkem semenišču v Iowi (ZDA).

Od leta 1993 je dr. Lee na čelu gibanja za svetovno evangelizacijo in je uspešno izpeljal številne kampanje v Tanzaniji, Argentini, Los Angelesu, Baltimoru, na Havajih, New Yorku, Ugandi, na Japonskem, Pakistanu, Keniji, na Filipinih, Hondurasu, Indiji, Rusiji, Nemčiji, Peruju, Demokratični republiki Kongo, Izraelu in Estoniji.

Zavoljo njegovega vplivnega delovanja po vsem svetu ga je leta 2002 eden največjih korejskih časopisov opisal kot "svetovno znanega revivalista". Še posebej zavoljo njegovega newyorškega shoda iz leta 2006, ki je potekal v Madison Square Gardnu in ga je v živo prenašalo 220 držav; ter jeruzalemskega shoda iz leta 2009, kjer je Jezusa Kristusa drzno razglasil za Mesijo in Odrešenika.

Njegove pridige se danes preko satelitov prenaša v 176 državah in v letih 2009/10 sta ga tiskovna agencija Christian Telegraph in priljubljena ruska krščanska revija In Victory imenovali za enega od desetih najvplivnejših krščanskih voditeljev.

Oktobra 2013 Centralna cerkev Manmin šteje že več kot 120.000 članov in 10.000 podružničnih cerkva po vsem svetu, vključno s 57 domačimi podružničnimi cerkvami. Poleg tega je bilo poslanih že več kot 123 misijonarjev v 23 držav, vključno z Združenimi državami Amerike, Rusijo, Nemčijo, Kanado, Japonsko, Kitajsko, Francijo, Indijo, Kenijo in še mnogimi drugimi.

Na datum izdaje te knjige je dr. Lee napisal že 88 knjig, med njimi tudi uspešnice Pokušanje večnega življenja pred smrtjo; Moje življenje-moja vera, 1. in 2. knjiga; Sporočilo križa; Mera vere; Nebesa, 1. in 2. knjiga; Pekel; Prebudi se, Izrael; ter Božja moč. Njegova dela so prevedena v več kot 76 jezikov.

Njegove članke najdemo v časopisih Hankook Ilbo, JoongAng, Chosun Ilbo, Dong-A Ilbo, Munhwa Ilbo, Seul Shinmun, Kyunghyang Shinmun, Koreja Herald, Sisa ter Christian Press.

Dr. Lee je danes na čelu številnih misijonarskih organizacij in zvez. Med drugim je predsednik Združene cerkve svetosti, predsednik Svetovnega poslanstva Manmin, stalni predsednik zveze Krščanskega sveta, ustanovitelj in predsednik odbora Globalne krščanske mreže, ustanovitelj in predsednik mreže Krščanskih zdravnikov, ter ustanovitelj in predsednik Mednarodnega semenišča Manmin.

Druge zanimive knjige istega avtorja

Nebesa I & II

Podroben oris čudovitega bivališča, v katerem uživajo nebeški prebivalci, ter prelep opis različnih nivojev nebeškega kraljestva.

Sedem Cerkva

Iskrena Gospodova sporočila za prebujenje vernikov in cerkva iz duhovnega spanja, ki so bila poslana sedmim cerkvam, kot je to zabeleženo v drugem in tretjem poglavju Razodetja.

Pekel

Iskreno sporočilo vsemu človeštvu od Boga, ki si želi, da ne bi niti ena sama duša padla v globine pekla. Odkrili boste doslej še nerazkrito pripoved o kruti realnosti spodnjih krajev zemlje in pekla.

Duh, Duša in Telo I & II

Vodnik, ki bralcu ponuja duhovno razumevanje duha, duše in telesa, ter mu pomaga poiskati njegov 'jaz', da bo lahko pridobil moč, s katero bo premagal temo in postal duhovna oseba.

Količina Vere

Kakšno bivanje, krona in zakladi nas čakajo v nebesih? Ta knjiga postreže z modrostjo in navodili za izračun količine vaše vere ter za negovanje najboljše in najbolj zrele vere.

Prebujeni Izrael

Zakaj Bog že vse od začetka sveta spremlja Izrael? Kakšne vrste Njegove previdnosti bo v poslednjih dneh deležen Izrael, kamor se bo vrnil Mesija?

Moje Življenje, Moja Vera I & II

Najbolj prijetna duhovna aroma, pridobljena iz življenja, ki je cvetelo z Božjo ljubeznijo brez primere, in to sredi temnih valov, hladnega jarma in globokega obupa.

Božja Moč

Obvezno branje, ki služi kot pomemben vodnik, kako priti do prave vere in izkusiti čudovito Božjo moč.

---

www.urimbooks.com